你是當老闆的料？還是天生奴才命！

職場心理測驗告訴你

職場上，個人的「職場性格」因素非常重要，它決定著你的職場表現，影響著上司對你的看法，左右著你的職業發展。

你有被公司炒魷魚的危險嗎？

如何在職場上如魚得水？

財神何時才會找上你？

Being a Boss or Being Bossed around

輕鬆生活館系列：20

你是當老闆的料？還是天生奴才命！職場心理測驗告訴你

編　　著　愛薇兒
出　版　者　大拓文化事業有限公司
執　行　編　輯　林美玲
美　術　編　輯　蕭佩玲

總　經　銷　永續圖書有限公司
劃　撥　帳　號　18669219
地　　址　22103 新北市汐止區大同路三段一百九十四號九樓之一
TEL　(〇二)八六四七─三六六三
FAX　(〇二)八六四七─三六六〇
E-mail　yungjiuh@ms45.hinet.net
網　址　www.foreverbooks.com.tw

CVS代理　美璟文化有限公司
TEL　(〇二)二七二三─九九六八
FAX　(〇二)二七二三─九六六八

法律顧問　方圓法律事務所　涂成樞律師

出　版　日◇二〇一四年七月

Printed in Taiwan, 2014 All Rights Reserved
版權所有，任何形式之翻印，均屬侵權行為

大拓 Talent Tool ｜ 永續圖書網上購物網 www.foreverbooks.com.tw

國家圖書館出版品預行編目資料

你是當老闆的料？還是天生奴才命！職場心理測驗告訴你 /
愛薇兒 編著. -- 初版. -- 新北市：大拓文化,
民103.07　面；　公分. -- (輕鬆生活館系列；20)
　　ISBN 978-986-5886-74-5(平裝)
　　1. 心理測驗
179.1　　　　　　　　　　　　103008133

目錄

你是當老闆的料?
還是天生奴才命!
職場心理測驗告訴你

你是當老闆的料?
還是天生奴才命!
職場心理測驗告訴你

你具備哪些職業素質和能力？

　　從事某種職業最基本的要求是具備從事該種職業的素質和能力，例如，科學家要具備科學家的條件，教師要具備教師的條件。那麼你自身具備哪些素質條件？你又能勝任哪些工作呢？下面的測試可以幫助你瞭解自己，讓自己日後擇業時能有的放矢。

　　股票狂跌不止，事業、愛情不知明天何在，算命熱潮正反映人們內心的不安，在中西五花八門的算命方法中，你最信服的是哪一種？

□A、塔羅牌

□B、占星圖

□C、易經卜卦

□D、八字風水

你是**當老闆**的料?
還是天生**奴才命**!
職場心理測驗告訴你

測試結果

選A：你是個感性強烈的人，藝術天分是上帝賜予你的資產，創作是你飛黃騰達的途徑，即使創作能力不足以糊口，你還是可以尋找和藝術相關的工作，工作起來會更有成就感。諸如體力勞動，或是經商等工作，其實並不適合你，勉強去做只會使你喪失對自我的信心。

選B：你是個兼具理性的人，在事業發展上，你反應快速的頭腦，會給接觸過你的人留下深刻的印象，但是不能堅持到底的毛病，是你要特別注意的。任何和人際關係密切相關的工作，其實都頗為適合你，如業務、記者等，不要半途而廢，成功將指日可待。

選C：你是一個性格爽朗的人，總是往前看，不會耿耿於懷昨日的失敗，能持續往前衝刺，研究型的工作最適合你，因為你總是有不怕困難、越挫越勇的精神。

選D：生活對你來說，是個嚴謹的課題。你對自我要求很高，辦事更有一套辦法，你不會人云亦云，最適合自我創業，能完全發揮你的才華和見解，是能夠白手起家的優秀人才，要不然就找個能賞識你的好老闆，相信你會是匹千里馬的。

你的職場性格是什麼？

俗話說，性格決定一切。雖然有些言過其實，但在如今的職場上，個人的「職場性格」因素的確非常重要，它決定著你的職場表現，影響著上司對你的看法，左右著你的職業發展。

性格雖說是天生的，可是如果後天能揚長避短，其實還是可以在某些程度上改變自己的人生軌跡，因此，瞭解自己的「職場性格」，並對症下藥進行適當的調整，將有助於你更好地把握職場機遇。

1、聽說難得一見的流星雨要來了，你的反應是：
　　□A、沒有興趣，連相關新聞都懶得看
　　□B、有點好奇，但看看新聞轉播就滿足了
　　□C、是追星一族，當然要留下珍貴的回憶

2、平時多久去逛一次百貨公司？
　　□A、好像有好幾年沒去逛了
　　□B、不會主動去，路上經過時會進去看看

你是**當老闆**的料？
還是**天生奴才命**！
職場心理測驗告訴你

□C、閒著沒事就可能會去那裡逛逛

3、你對音樂的態度如何？

□A、只喜歡聽某一類型的音樂

□B、憑感覺，有些歌一聽就會馬上喜歡

□C、很多歌都是要聽幾遍之後才會喜歡

4、對自己常用的交通工具有上鎖的習慣嗎？

□A、會加上好幾道鎖，擔心治安不好

□B、會另外加裝一道安全鎖，求個心安

□C、只用基本配鎖，覺得自己不會那麼倒楣

5、閒來無事時會出去散步嗎？

□A、會的，不過多半在附近繞圈子

□B、會跑去比較遠、平常較少去的地方

□C、喜歡跑到從來沒去過的地方冒險

6、平均每天到工作地點的時間約需多久？

□A、10分鐘以內

□ B、10～30分鐘左右

□ C、超過半小時以上

7、一早起來是否會有不太想去公司的想法？

□ A、難免，但次數不太多

□ B、次數算算還不少，跟心情好壞有很大的關係

□ C、只有陰雨天才會不想去公司

8、平常是否有飼養寵物的習慣？

□ A、我超級喜歡小動物

□ B、我喜歡養寵物，只是他們的一些小毛病會讓
我覺得麻煩

□ C、我很少或從來沒養過寵物

9、如果可以在101大樓租個樓層來工作，你會選擇：

□ A、50樓，沒人打擾，而且視野不錯

□ B、當然是最高層，喜歡站在最高點的感覺

□ C、一樓，進出會比較方便

你是**當老闆**的料？
還是**天生奴才命**！
職場心理測驗告訴你

10、你洗澡時通常從哪個地方開始抹肥皂？
　　□ A、先從臉開始
　　□ B、從胸部開始
　　□ C、從個人私密處開始

選A得1分，選B得3分，選C得5分，最後計算總分。

20分以下：真材實料型

你的開拓能力及創新能力不足，適合你的工作並不多，但你有高度的責任心，一旦決定了做某項工作，你會全力以赴將它做到最好。工作中的你熱情專注，是個盡職的員工或老闆，因此，只要你執著地做事，對自己喜歡的專業深入研究，成功就會屬於你。建議你除了工作，也要多走出去，加強人際關係的累積。

20～30分：老謀深算型

你很懂得謀略，知道如何避重就輕，懂得透過包裝自己的外

在形象來掩飾工作上的一些小缺陷。廣結人脈是你在工作環境中如魚得水的一大因素，擁有這樣的性格在職場你會很吃得開，與同事關係融洽對晉升有很大幫助。當然，工作還要出色，有成績，老闆才會更加欣賞你。除了打工外，你也很適合自己做生意，在你的精心掌控下，一切都會朝著你期望的方向發展。

30～40分：脫穎而出型

你很有自己的想法，也喜歡提出自己的意見，只是總沒辦法引起共鳴，常常都是差了臨門一腳，自己卻不知道問題到底出在哪裡，其實，你欠缺的只是神來一筆的啟發而已。繼續發揮自己的創意，並努力付諸於實踐，平時多做些「課外功課」，打好功底，相信好的運氣就會來臨。

40分以上：創意天才型

你的專業能力或許有些欠缺，可是你的創意能力卻十分出色。你能勝任自己的工作，但總覺得這份工作不能很好地發揮自己的才能，所以總是在不停地尋找機會。你非常適合從事藝術類或設計類工作，關鍵要善加利用自己的長處。固定模式的工作並不適合你，你可以嘗試再找一份兼職，最大限度地發揮自己的才能。

你具有親和力嗎？

親和力是一個領導者的必備素質，是領導者與員工之間的黏合劑。要想讓員工忠誠於你，把你的事業當作自己的事業去努力打拼，就要善於與員工打成一片，真正融入員工之中。不但要關心組織內部的具體工作，而且還要將員工視為主人翁。要想知道你是否具備親和力，那就趕快測驗一下吧！

1、近期工作很多，你的員工卻在此時提出請假，而且是因為私人的事情（對他來說很重要），你會怎麼做呢？

□A、由於太忙，不予批准

□B、告訴他你很想幫助他，但現在實在是太忙了

□C、給他一定的時間，讓他安心處理好事情，並盡可能地給予幫助

2、假如你是剛上任的部門經理，你會怎樣處理與員工的關係？

□ A、公歸公、私是私，不與員工有過多私人交往

□ B、新官上任三把火，對員工嚴格要求，以樹立
　　自己的威信

□ C、主動與員工交朋友，參加團體活動

3、作為經理，在實施重要計畫之前，你認為：

□ A、先取得員工贊同

□ B、自己要有魄力決定一切

□ C、應該由員工決定一切

4、你對員工的看法是？

□ A、對能力較差的員工應多監督

□ B、應親近能力較強的員工

□ C、應以平等的態度對待每一名員工

**5、如果你是位經理，你的員工生病請假了，你會怎麼
做呢？**

□ A、利用業餘時間去照顧他，希望他早日康復

□ B、打個電話問候一下

□ C、一聽說他生病了就去看他

6、你是經理，有一位員工向你獻上有關提高效率的建議，而他的建議是你過去已經想過並打算實施的，那麼，下面哪種方法較好？

　　□ A、告訴他你真實想法，但也對他給予充分肯定

　　□ B、絕口不提以前的想法，只讚揚他的合作精神

　　□ C、告訴他這是自己早就想到的，並且準備實施

7、你是經理，你的員工在工作中出了錯誤，而且這個錯誤為公司帶來了很大的損失，公司上層準備嚴肅處理，此時，你會怎麼辦？

　　□ A、讓員工知道事情的嚴重性，讓他作自我檢討

　　□ B、安慰犯錯的員工，告訴他誰都可能犯錯

　　□ C、與員工一起思過，主動與員工一起承擔責任

8、你希望執拗的同事按你的建議去做，應該怎麼辦？

　　□ A、儘量使他認識到建議至少有一部分出自他的頭腦

　□B、儘量找出他建議中的問題讓他主動放棄

　□C、說出自己建議的優點讓他接受

9、假設你是鞋店老闆，有位小姐來你店中買鞋，由於
　她右腳略大於左腳，總是找不到她能穿的鞋，你覺
　得應該如何解釋，會如何措辭？

　□A、「小姐，妳的右腳比左腳大。」

　□B、「小姐，妳的左腳比右腳小。」

　□C、「小姐，妳的兩隻腳不一樣大。」

10、關於對員工進行讚揚和批評，你的看法是：

　□A、對犯錯的員工要嚴厲批評，以免重蹈覆轍

　□B、經常讚美員工，使他們積極地工作

　□C、慎用讚美，以免員工過於驕傲自滿

你是當老闆的料？
還是天生奴才命！
職場心理測驗告訴你

1C；2C；3A；4C；5B；6A；7C；8A；9B；10B

計算你一共答對了題。

6題以下：親和力較差

你缺乏領導者的素質，你現在不應做成為領導者的美夢，應該在生活中、工作中多多培養自己的親和力，與人為善、平易近人，都應是你的座右銘。

6～8題：親和力一般

你也許能成為領導者，可是你不會是一個優秀的領導者。但也不必氣餒，在工作中你應與同事打成一片，和他們建立深厚的友誼，只要具有深厚的友誼，誰又能説你不具備親和力呢？

8題以上：具有較強的親和力

如果你成為領導者，你會注意與員工交往時的話語，你關心員工、勇於承擔責任，你與員工之間存在著濃厚的友情，在你的帶領下，團隊內部氣氛和諧。可以説，你會是一位受員工愛戴、敬仰和平易近人的領導人。

你具備領導者的決策力嗎？

美國著名管理學家西蒙曾經說過這樣一句名言：「管理就是決策」。無獨有偶，號稱「現代企業管理之父」的德魯克也說：「不論管理者做什麼，他都是透過決策進行的。」德魯克甚至斷言：「管理始終是一個決策的過程。」

對於一位領導者而言，要想做出一流的業績，取得非凡的成就，無疑需要具備多方面卓越的能力。但相比其他各項能力來說，決策力則是重中之重。決策，是團隊管理的起始點，也是團隊興衰存亡的支撐點，更是影響領導者業績和團隊命運的關鍵點。那麼，想成為領導者的你是否具有決策力呢？身為領導者的你，是否是一個優秀的領導者呢？做完下面的測試你就會知道了。

1、你的分析能力如何？

☐ A、我喜歡通盤考慮，不喜歡在細節上考慮太多
☐ B、我喜歡先做好計畫，然後根據計畫行事
☐ C、認真考慮每件事，盡可能地延遲應答

你是當老闆的料?
還是天生奴才命!
職場心理測驗告訴你

2、你能迅速地做出決定嗎?

□ A、我能迅速地做出決定,而且不後悔

□ B、我需要時間,不過我最後一定能做出決定

□ C、我需要慢慢來,如果不這樣的話,通常會把
事情搞得一團糟

3、進行一項艱難的決策時,你有多高的熱情?

□ A、做好一切準備,無論結果怎樣我都可以接受

□ B、如果是必需的,我會做,但我並不欣賞這一
過程

□ C、一般情況下,我都會避免這種情況,我認為
最終都會有結果的

4、你有多戀舊?

□ A、買了新衣服,就會捐出舊衣服

□ B、舊衣服有感情價值,我會保留一部分

□ C、高中時代的衣服還在,我會保留一切

5、如果出現問題,你會:

□A、立即道歉，並承擔責任

□B、找藉口，說是失控了

□C、責怪別人，說主意不是我出的

6、如果你的決定遭到了大家的反對，你的感覺如何？

□A、我知道如何捍衛自己的觀點，而且通常我依然可以和他們做朋友

□B、首先我會試圖維持大家之間的和平狀態，並希望他們能理解

□C、這種情況下，我通常會聽別人的

7、在別人眼裡你是一個樂觀的人嗎？

□A、朋友叫我「啦啦隊隊長」，他們很依賴我

□B、努力做到樂觀，不過有時候，我還是很悲觀

□C、我的角色通常是「惡魔鼓吹者」，我很現實

8、你喜歡冒險嗎？

□A、我喜歡冒險，這是生活中比較有意義的事

□B、我喜歡偶爾冒險，不過我需要好好考慮一下

你是當老闆的料？
還是天生奴才命！
職場心理測驗告訴你

□C、不確定，如果沒有必要，我為什麼要冒險呢

9、你有多獨立？

□A、我不在乎一個人住，我喜歡自己做決定
□B、我更喜歡和別人一起住，我樂於做出讓步
□C、我的配偶做大部分的決定，我不喜歡參與

10、讓自己符合別人的期望，對你來說有多重要？

□A、不是很重要，我首先要對自己負責
□B、通常我會努力滿足他們，不過我也有自己的
　　底線
□C、非常重要，我不能貿然失去與他們的合作

選A得10分，選B得5分，選C得1分，最後計算總分。

24分以下：不佳！

你現在的決策方式將導致「分析性癱瘓」，這種方式對你的職場開拓來說是一種障礙。你需要改進的地方可能有幾個方面：太喜歡取悅別人、分析性過強、依賴別人、因為恐懼而退卻、因為障礙而放棄、害怕失敗、害怕冒險、無力對後果負責。測試中，選項A代表了一個有效的決策者所需要的技巧和行為。做一個表，列出改進你決策方式的辦法，同時，考慮閱讀一些有關決策方式的書籍或諮詢專業顧問。

25～49分：中下！

你的決策方式可能比較緩慢，而且會影響到你的職場開拓。你需要改進的地方可能是下列一個或幾個方面：太在意別人的看法和想法、把注意力集中於別人的觀點之上、做決策時畏畏縮縮、不敢對後果負責。這樣的話，就需要你調整自己的心態並做

一個表，列出改進你決策方式的辦法。

50～74分：一般！

你有潛力成為一個好的決策者，不過你也存在一些需要克服的弱點。你可能太喜歡取悅別人，或者你的分析性太強，也可能你過於依賴別人，有時還會因為恐懼而止步不前。要確定自己到底在哪些方面需要改進，你可以重新看題目，把你的答案和選項A進行對照，因為選項A代表了一個有效的決策者所需要的技巧和行為。做一個表，列出改進你決策方式的辦法。

75～99分：不錯！

你是個十分有效率的決策者。雖然有時可能會遇到思想上的障礙，減緩你前進的步伐，但是你有足夠的精神力量繼續前進，並為你的生活帶來變化。不過，在前進的道路上你要隨時警惕障礙的出現，充分發揮你的力量，這種力量會決定一切。

總分100：很棒！

完美的分數！你的決策方式對於你的職場開拓是一筆真正的財富。

你能抓住升遷的機會嗎？

在人生道路上，誰都會碰上幾次升遷的機會，而能抓住和用好這個機會的人才是高手。

下面的測試是從側面來看你職場能力的強弱，透過你近期的表現、成就來預測你是否會抓住下次升遷的機會。你能抓住升遷的機會嗎？請拿起筆做下面的測試，只需回答「是」或「否」。

1、我換了更好的工作。

2、被指定負責某些事情。

3、對自己的身體健康狀況非常滿意。

4、我達到了一項個人體能目標（例如在規定時間內跑完3千公尺）。

5、我的同事開始尊重我的判斷。

6、經過了努力，我的專業能力更受肯定。

7、我的投資獲利可觀。

8、對性生活比以往感到滿意。

9、戒除了一個壞習慣。

10、擺脫了一個事事會拖累我的朋友。

11、比以前更能控制遭遇困難時的情緒反應。

12、我更能保留自己的想法並廣納眾議。

13、獲得加薪。

14、在各種社交場合裡愈來愈能處之泰然。

15、買了一部新車。

16、逐漸接近理想體重。

17、感情生活相當穩定，或婚姻漸入佳境。

18、買了從未想過會擁有的東西。

19、我提出意見或看法時更有自信。

20、比以前更會運用時間。

21、開始穿著更貴的服裝。

22、重新整修、佈置了房子（包括租來的）。

23、有了新的嗜好。

24、近來老闆對我態度越來越好。

25、買了一部電腦。

26、招攬了一些新客戶。

27、搬到更好的社區了。

28、我的意見和想法愈來愈受上司的重視。

29、我的老闆更依賴我的專業才能。

30、參加了國外旅遊或考察。

31、比一向被視為榜樣的人贏得更多名利。

32、比過去更會存錢。

33、在同行之間小有名氣。

34、對自己的工作品質更自信。

35、控制了自己的飲食習慣。

36、我的網球（或其他運動）技術有顯著進步。

37、成功地完成了生平最大的計畫。

38、結交了一些益友。

39、比以前看了更多書（小說除外）。

40、比以前更能控制情緒與壓力。

你是**當老闆**的料?
還是天生**奴才命**!
職場心理測驗告訴你

凡是答「是」得1分,答「否」的不得分,然後計算出總分。

0~5分:

你得分很低,除非已經登峰造極,無須再有什麼晉升,否則,得分低的人有必要提升自己的職場能力。如果你被分在此組,你的職場能力令人擔心,或是你缺乏方向或尚無目標,整天毫無目的。你應該努力改變現狀,否則,你不可能抓住升遷的機會。

6~10分:

你得分較低,存在著與前者大致相同的毛病,但你比前者肯定會好一些,你需要的不是升遷的機會,而是在工作中集中精力,設定更明確的目標。

11~17分:

你得分中等,就獲得晉升的可能性而言,你比前面兩者的機會大。你能結合充沛的精力和較明確的目標,而且你還有一定的成績基礎。你應該充分利用自己的職場能力,擴展自己的視野,朝既定目標邁進。加油!升遷,就在明天。

18~22分：

　　你得分較高，你正努力增加自己成功的機會，但力量有必要集中一點。你就像手持散彈槍，什麼目標都想擊中。只要不產生焦慮，這樣做沒什麼不好。但最好謹記，成就的品質比成就的數量更重要，如果能好好確定方向，抓住升遷的機會，獲取更大的成功對你來説並非難事。

23分以上：

　　你得分很高，能力很強，但往往因為很有野心，所以易雜亂無章，各種目標都想達到，這會使你因忙亂而錯過成功的機會。你不妨與專家談談，或許你的成就動機很強烈，但卻欠缺必要的知識和方向。

你是不是該跳槽了?

這是一個跳槽最為頻繁的年代,你可能正在為是否跳槽而不知所措。想換工作,又怕得不償失。做完下面的測試,也許能幫助你走出十字路口,做出一個正確的選擇。本測試共20題,請在認真閱讀題目後,選擇最符合你實際情況的答案。

1、你對自己的工作是否感到憂慮?

□ A、偶爾感到憂慮
□ B、從來不感到憂慮
□ C、經常感到憂慮

2、你屬於以下哪種情況?

□ A、我不討厭自己的工作
□ B、我通常對自己的工作感興趣
□ C、我工作時總覺得心煩

3、你認為自己：

　　□ A、與同事相處得非常好

　　□ B、不喜歡自己的同事

　　□ C、與絕大多數同事都能很好相處

4、你是否加班加點地工作？

　　□ A、如果付加班費就加班

　　□ B、從不加班加點

　　□ C、經常加班加點，即使沒有加班費也是如此

5、你認為自己的同事們：

　　□ A、喜歡你

　　□ B、不喜歡你

　　□ C、並非不喜歡，只是不特別友好

6、如果少三分之一的工資，是否還願意幹這份工作？

　　□ A、願意

　　□ B、本來願意，但負擔不了家庭生活，只好作罷

　　□ C、不願意

你是**當老闆**的料？
還是天生**奴才命**！
職場心理測驗告訴你

7、關於你的職業，你不喜歡哪一點？

☐ A、自己支配的時間太少

☐ B、乏味

☐ C、總不能按自己的想法做事

8、你是怎樣選擇你目前從事的工作的？

☐ A、靠父母或朋友幫助選擇

☐ B、該工作是我唯一能找到的工作

☐ C、當時就覺得該工作對自己很合適

9、上班時是否看錶？

☐ A、不斷地看

☐ B、不忙的時候看

☐ C、幾乎不看

10、你認為你的工作：

☐ A、對你來說是大材小用

☐ B、很難勝任

☐ C、使你做了從來沒想到自己能做到的事

11、一天的工作快要結束時，你會？

　　□ A、感到疲憊不堪，全身不舒服

　　□ B、為自己取得的工作成績而感到高興

　　□ C、感到有點累，但通常很滿足

12、以下哪種情況最符合你的實際狀況？

　　□ A、我的工作已不能讓我學到更多的東西

　　□ B、工作中我已學到了許多，但並不能完全掌握

　　□ C、工作中還有許多東西需要學習

13、你會為了消遣一下，而請一天事假嗎？

　　□ A、會的

　　□ B、不會

　　□ C、如果工作不太忙，就有可能

14、星期一早晨，你覺得？

　　□ A、覺得自己願意去上班

　　□ B、希望獲得不去上班的理由

　　□ C、開始時覺得很勉強，過一會兒就置身於工作

15、你覺得自己在工作中不受賞識嗎?

☐ A、偶爾這樣想

☐ B、經常這樣想

☐ C、很少這樣想

16、你是否希望自己的孩子將來從事你的工作?

☐ A、是的,如果他有能力並且適合的話

☐ B、不會的,而且要警告他不要做這種工作

☐ C、不希望他做,但也不反對他做

17、你認為自己:

☐ A、工作衝勁十足

☐ B、工作沒有衝勁

☐ C、工作衝勁一般

18、你覺得:

☐ A、自己很有能力

☐ B、自己有時很有能力

☐ C、自己沒有能力

19、你用多少工作時間做些與工作無關的事？
- □A、很少的時間
- □B、一定的時間，特別是在個人生活遇到麻煩時
- □C、很多時間

20、去年除了假日或病假外，你是否還缺過勤？
- □A、沒有缺勤
- □B、僅有幾天缺勤
- □C、經常缺勤

題號	1	2	3	4	5	6	7	8	9	10
A	3	3	5	3	5	5	5	1	1	3
B	5	5	1	1	1	3	3	3	3	1
C	1	1	3	5	3	1	1	5	5	5

題號	11	12	13	14	15	16	17	18	19	20
A	1	1	1	5	3	5	5	5	5	5
B	5	3	5	1	1	1	1	3	3	3
C	3	5	3	3	5	3	3	1	1	1

你是當老闆的料?
還是天生奴才命!
職場心理測驗告訴你

測試結果

0～50分：

你對目前的工作非常不滿，如果你還在猶豫是繼續工作還是放棄，那你就是在浪費時間，目前的工作實在不應該再做下去了。奉勸你一句話，勇敢點走出去，你會發現另一片更廣闊的天地。

51～70分：

你對目前的工作不是很滿意，可能是你選錯了職業，或者是你與同事或領導相處得不融洽，或者是你對自己估計過高。

71～85分：

你對目前的工作還算滿意，並不存在是否需要跳槽的問題，你不應受朋友或其他同事的影響，你現在需要做的是專注於自己的工作，相信敬業負責的你，一定會取得好的業績。

86～100分：

對目前的工作非常滿意。但若你的得分接近100分，則說明你對工作投入的熱情及喜歡的程度有些過高，你可以說是個名副其實的「工作狂」，你應該在工作中多注意勞逸結合。

你的職場誠實度高嗎？

職場上最可貴的品質是誠實。誠實不但不會阻礙你前進，相反的它還是你的優勢和財富，會幫助你走向成功。以下句子反映了職場中有關誠實的行為和態度，並設有五個選項，請選出最適合你的一項。A、非常準確；B、準確；C、說不上準還是不準；D、不準確；E、非常不準確。

【　】1、偷過老闆的錢。

【　】2、偷過老闆的商品。

【　】3、曾把辦公用品帶回家私用。

【　】4、曾向顧客索要高價並私留差額。

【　】5、曾對朋友或同事偷老闆東西的行為視而不見。

【　】6、曾給朋友白送過公司的貨物。

【　】7、曾篡改過記錄或報告。

【　】8、曾為私人目的動用過公司資源（例如，長途電話、加油卡）。

【　】9、曾用員工內部折扣價賣東西給朋友。

【　】10、曾把公司貨物賣給朋友並把錢私留。

【　】11、我有上班遲到的習慣。

【　】12、會無故缺勤。

【　】13、會裝病不去上班。

【　】14、偷過同事的東西。

【　】15、曾經醉醺醺地來上班。

【　】16、曾蓄意破壞過公司的設備或貨物。

【　】17、盡可能少做工作。

【　】18、曾詐傷騙取老闆的賠償金。

【　】19、曾消極怠工。

【　】20、曾未經允許就早退。

【　】21、大部分人都從他們的老闆那兒偷過東西。

【　】22、如果能確信不被抓到，大部分人都會從老闆
　　　　那兒偷錢。

【　】23、大部分人都試圖花費最小的氣力使自己的工
　　　　作得過且過。

【　】24、辛苦工作受益的只是老闆一人。

【　】25、老闆們希望他的員工帶點兒小東西回家。

【　】26、大部分人都曾醉醺醺地來上班。

【　】27、有機會的話，幾乎每個人都會裝病不去上班。

【　】28、員工們給他們的朋友打折商品是很正常的。

【　】29、用公司電話打長途的人不多。

【　】30、員工之間相互的忠誠超過對公司的忠誠是無可厚非的。

【　】31、每天都工作對我來説是困難的。

【　】32、如果我知道一個同事裝病不來而把實情告訴老闆，這樣做是不對的。

【　】33、向顧客索取高價並私留差額的現象並不罕見。

【　】34、職員篡改他們的時間卡是很平常的。

【　】35、職員用公司信用卡作為私人用途並不罕見。

【　】36、如果員工不想上班就請病假是很平常的事情。

【　】37、當人們得知辛勤工作只會是老闆受益的話，幾乎沒有人再願意這麼做。

【　】38、用員工內部折扣賣東西給朋友沒什麼不對。

【　】39、如果能不被發現，大部分人都會早走一點。

【　】40、只有盡可能地延長午餐和休息時間才是正常的。

評分標準

　　選A得5分；選B得4分；選C得3分；選D得2分；選E得1分，最後計算總分。

測試結果

得分	百分數(%)
86	85
82	70
78	50
72	30
68	15

　　得分越高說明你越不誠實。例如，如果你的得分對應的百分數是70，說明70％的人比你誠實。

你是不是工作狂？

　　你是對工作超級狂熱的工作狂，還是超不喜歡工作的懶惰蟲？做一個小測試瞭解一下，也可以趁此改變一下自己的工作態度。

　　凡事都要適度，如果你工作太累而影響你的健康，就本末倒置了，建議你關注自身的身體健康；如果你視工作為累贅，覺得工作很乏味，那就建議你該跳槽了。

1、即使不喜歡，仍然會因為商場促銷去買一樣東西。
　　是的，我看到便宜就想買 → 2
　　反正買回家不久也會丟掉，不要買好了 → 3

2、臨時有件事，你也只能坐車出門，你會：
　　提早出門，免得耽誤了正事 → 4
　　反正公車時間很固定，時間差不多再出發就好 → 5

你是當老闆的料?
還是天生奴才命!
職場心理測驗告訴你

3、你平常是否有和朋友分享E-mail的習慣？

有，我喜歡亂寄東西的 → 6

很少，多半是人家寄給我的情況較多 → 7

4、閒著沒事，你通常都是如何打發時間的呢？

當然是上網看看有沒有什麼新鮮事了 → 7

開著車到處亂跑，最好是到一個新地方 → 8

5、如果你去拜訪朋友，發現他不在又正好忘了鎖門，你會：

躲起來惡作劇或給他一個驚喜 → 9

先聯絡他或是直接進他房子等 → 10

6、看到運動員在奧運會上拿下金牌，你的心情是：

好興奮，幻想自己也能跟他一樣 → 5

會很開心，不過幾天後感覺就淡了 → 10

7、如果遠遠走來一個明星，你會：

多看幾眼，不過可能不會有什麼舉動 → 6

機會難得，當然要把握時間請他簽名、合照 → 10

8、和朋友到KTV唱歌，你通常是：

第一件事就是找新歌排行榜，老歌我不要 → 9

好多新歌都不會，只唱招牌歌或是聽別人唱 → A型

9、你對你家附近的街道熟嗎？

豈止熟，我還知道別人不知道的祕密地方 → 10

不算熟，大路會記得，小路不會走 → B型

10、如果有一天，你走在路上，有個你不認識的人跟你打招呼，你會：

問清楚他是哪一位朋友 → C型

裝作沒看見，直接走開 → D型

你是**當老闆**的料？
還是**天生奴才命**！
職場心理測驗告訴你

測試結果

Ａ型的人：工作狂指數90%

你是個超級工作狂，責任感又重，一旦事情交到你手裡，上山下海，必不辱使命，而且你也要求自己盡善盡美，總要超出老闆的期待你才會覺得滿意。這樣的你最好是慎選工作，務求找到自己喜歡的類型，這樣才不會拼死拼活卻又得不到任何回報。你的三餐以及工作時間常不固定，需注意健康以免晚年無福享受打拼的結果。

Ｂ型的人：工作狂指數70%

其實你也是個工作狂，只是你有限制條件，例如，太粗重的工作不做，太髒亂的工作不做，或是太熱的環境你待不下去等等。

對於工作你也善於縱觀全局，不會一味埋頭苦幹，分析完成之後，你便會全力投入，一口氣把事情搞定。只是有時候你這種瀟灑自若的神態可能會給老闆一種不認真的印象，凡事還是低調點的好。

Ｃ型的人：工作狂指數50%

其實你並不太喜歡工作，你真的很怕麻煩。找工作要面試，

麻煩；忙得不可開交的工作，麻煩；同事之間鉤心鬥角，麻煩；從事單調簡單，重複同樣動作的工作，麻煩！所以適合你的工作，可能也必須給你足夠的休閒娛樂才會合你胃口，也許一出社會就是經理最合你的心意。建議你趁著年輕多吃點苦，想達到你要的目標其實不算太難。

D型的人：工作狂指數30%

你大概是全世界最不喜歡工作的人了。就算老闆願意付你薪水不要你做事，你可能也會覺得辦公室缺乏自由而待不住。你也可能常常不斷抱怨，怨歎自己為何不是誰誰誰的孩子，怨歎這個世界為何如此不公平。其實，人比人真的會氣死人，不喜歡工作就專心往自己最擅長的領域發展，堅持下去，冷門也能賺大錢。

你最近工作狀況好嗎？

　　世界上沒有卑微的工作，只有卑微的工作態度。你最近工作
狀況好嗎？曾有科學家分析，一般人的專心程度是和成功成正比
的，所以工作的時候努力工作，玩的時候輕鬆去玩，這應該是最
好的人生座右銘。現在就以一個簡單的問題，來測試一下你的工
作態度。

　　好久沒有揹著釣竿去釣魚了，今天如果正巧有夥伴要一起去
釣魚，你會選擇何處？

□A、海岸邊
□B、山谷的小溪
□C、坐船出海去
□D、人工魚池

測試結果

選A：仍然是個講究投資回報率的人，會以最少的資本追求最高的利潤，很有生意眼光，所以你會到海岸邊去釣躲在岩縫裡的小魚，雖然體積不大，但是數量卻很多。

選B：你對工作企劃有一套，眼光遠大，能安排好一個月以後的行程，只可惜你做事太保守，缺乏衝勁，不能專一地投入，不然你為何貪戀山谷的美景，而不把全部心神投注在釣魚上。

選C：工作狂熱症的代表，就像追求坐船時乘風破浪的快感一樣，你是一股勁兒地拼命，也就是說，拼命起來沒大腦，你只能聽指令行事，但是絕對不能讓你規劃，因為你會急出腦溢血。

選D：你只打有把握的仗，十足的現代人，有自信，會推銷自己，商場上講戰術，頭腦冷靜，但是你有點鋒芒畢露，切記不要搶人家的功勞，否則會為你以後的失敗埋下伏筆。

上班族的你最期待什麼？

你目前處於什麼境況？對以後的期待是什麼呢？請做下面的測試。

1、你是否有固定在假日出遊的計畫呢？

YES → 2

NO → 3

2、選擇電器用品時，通常考慮最多的是下面哪一種？

品牌有保障→ 4

便宜耐用 → 6

3、心情不好時，你會跟朋友一同去唱歌嗎？

會 → 2

不會 → 5

4、常看娛樂節目嗎？

是 → 9

不是 → 7

5、是否常有自殺的念頭？

是 → 10

否 → 6

6、會不會關心政治，看一些政治新聞呢？

會 → 7

不會 → 8

7、在公司上班，你是否常常期待趕快下班？

經常 → 8

偶爾 → 9

8、通常下班後，你都是直接回家嗎？

直接回家 → C型

四處逛一逛再回去 → 10

9、你是否買股票或是常看財經版的新聞？

有 → A型

沒有 → B型

10、你是否常對路上橫行霸道、不守規矩的車子感到憤怒不滿？

YES → D型

NO → C型

A型的人：最希望升遷發財

你目前有一個收入頗豐或是相當穩定的工作。你對工作充滿了熱情以及期待，精神上也充滿著活力，開始學習如何享受生活和規劃人生。建議你可以多看書或上網來獲得資訊，讓心靈也跟著一起成長。多幫助需要幫助的人，好運就會一直持續待在你的身邊。

B型的人：最想要感情順利

沒有情人的人會渴望有個情人，有情人的人則是和另一半有感情上的問題，通常你花太多時間在工作和其他事情上是最主要的因素。趁著年輕努力賺錢固然要緊，愛情沒有誰欠誰而是相互依賴，有問題試著多和對方溝通，這樣你會發覺其實並沒有那麼難。提醒你也要注意身體健康。建議你多和對方溝通，其實沒有什麼大不了的事。

C型的人：最盼望工作順利

你目前可能還在待業中，或是對目前的工作不滿意，或是工作上有人事或人際關係的紛爭。建議你多花點心思在工作和專業上，既不怕被裁員也容易轉職成功，或者乾脆回到你熟悉的領域對你會更好，不要把自己關起來，多和朋友交流，你會發現自己的能力其實很強。

D型的人：最需要財源廣進

你目前的經濟壓力頗大，這使得你不管做什麼都覺得礙手礙腳，什麼倒楣事都會發生在你身上，也使得你的情緒不穩定，甚至有點反復無常。你最容易做一夜致富的白日夢，建議你去做一些你認為不必要的事，儘量讓生活多點改變，這有助於減輕你的焦慮和不安。

你有被公司炒魷魚的危險嗎？

　　有人說，現代的「飯碗」觀念，要從金飯碗、鐵飯碗過渡到瓷飯碗。瓷，既珍貴，價值高，又要細心呵護，不小心就會被摔碎。本想不再跳槽，就在這家公司好好待下去了，可是沒有想到還是要在擔驚受怕中熬日子，因為公司裁員的警報已拉起，據說還列出了裁員的「黑名單」，大家都面臨裁員的危險，在沒有正式公佈之前，人人自危。其實，聰明人則能夠及早發現職業中的「紅燈」，想一想這類問題，以防你離開的時間比你預期的要來得早；當機立斷，早做安排。

　　請做下面測試，看一下你被公司淘汰的危險指數，只對每題回答「是」或「否」即可。

1、你的能力使你成為你所在工作崗位「非你莫屬」的人物嗎？

2、你是有敬業精神，認真工作的人嗎？

3、你和你的工作團隊契合嗎？

4、你的老闆是個不愛挑剔的人，他（她）對你的態度
很好嗎？

5、你與頂頭上司是否很合得來？

6、如果你以前一直被邀請參加重大決策的討論，而現
在還被邀請嗎？

7、你的上司做決策時還會徵求你的意見嗎？

8、你的公司培養你擔任一個更好的職務，並告知你是
下一個人選，而且他們最終選擇擔任這個職務的人
還是你嗎？

9、仔細想想，最近管理層是否發生了人事變動？你是
屬於新管理層想任用的自己人嗎？

10、你的老闆告訴職員說，他歡迎大家提意見。但是，
他對你的建議是否持著歡迎的態度？

11、好差事總是分配給其他的人，每次有挑戰性的任
務，明明你是專業人選，上頭總是分派給別人，而
是讓你在部門當中擔任低級別的工作嗎？

12、管理層的每個人都沒有向你透露消息，但他們看見
你的時候是否有點神祕兮兮，甚至繞路而行？

13、以前，你總是因為出色的工作受到表揚，而現在，

每當完成一個項目，是否會被告知沒有達到預期效果？

14、你對工作不再充滿樂趣，向別人透露過嗎？

15、你是否屬於上班偷偷聊Skype，經常愛請假的人？

16、公司裡，你是否屬於那種「只是低頭拉車，而不抬頭看路」的人？

17、你是個精英，周圍嫉妒你的人不少，其中有和管理層相處甚密的人嗎？

18、你是否不停地提出對本部門的改進意見，結果卻都石沉大海？

19、公司調整工資，你覺得自己業績不錯，但是卻沒替你加薪，你發過牢騷嗎？

20、你的辦公室裡，有「小人」嗎？

1～10題答「是」得1分，答「否」得0分。

11～20題答「是」得0分，答「否」得1分。

然後將總分計算出來。

0～7分：

　　說明你已經沒有任何挽回的餘地，就等著被「炒魷魚」吧。未雨綢繆是你明智的選擇，但是你要不改正自己的問題，那就很危險了。

8～14分：

　　說明你在模棱兩可之間，也有危險，也許透過爭取，有留下來的餘地，但是你要很好地反思，記取教訓，及早處理好工作中對你不利的問題。

15～20分：

　　說明你暫時還沒有危險，但是面對風雲變化的職場，你也不能掉以輕心，要壘實自己的職業生涯和坐穩眼前的位置，金飯碗抓住了才是你的。

你有經商的頭腦嗎？

每個人的高級神經系統類型、氣質、性格不同，從小所處的環境、接觸的事物、得到的鍛鍊和所受的教育不同，其能力傾向會表現出個體之間的差異。經商能力也不是與生俱來的，有的人一向很有經濟頭腦，精於計算，善於捕捉各種商機；有的人則拙於投資理財，對商業資訊反應遲鈍。下面有15道問答題，可以用來測試你的經商能力傾向。

請你仔細閱讀每一道題，根據你的真實想法和實際情況在A、B、C、D四個答案中選擇一個最適合自己的。

1、無所事事時，你腦子裡通常想些什麼？

　　□A、自己被升職

　　□B、詛咒那些鼓動消費的人士和政策

　　□C、遠離商業的激烈競爭，成為娛樂圈明星

　　□D、自己創業當老闆

2、下列事情中，你最不願做的是：

　　□ A、要求公司改善後勤服務條件

　　□ B、為了公司，犧牲自己的利益

　　□ C、要求上司給自己加薪

　　□ D、因為經濟不景氣，被迫解雇員工

3、聽到「官司」時你首先想到什麼？

　　□ A、民事糾紛

　　□ B、各種刑事犯罪

　　□ C、有限責任

　　□ D、稅務稽查

4、你的商業觀屬於以下哪一種？

　　□ A、商業是打發時間的好方法

　　□ B、如果不愁吃穿，不會去從商

　　□ C、商業是實現自我的有效途徑

　　□ D、商業是一個令人興奮、心跳加快的領域

5、選擇公司時你最重視的是：

☐ A、請假、休假的規定是否寬鬆

☐ B、薪水、福利、保險

☐ C、工作環境及公司團體氣氛

☐ D、工作的成就感和未來的發展前景

6、你何時會向公司遞交辭呈？

☐ A、獲得領取養老金資格時

☐ B、公司被其他大企業吞併時

☐ C、由於公司新進資歷豐富的職員而使自己的工作被調整時

☐ D、當自己十分富有時

7、玩《大富翁》遊戲時，你通常採取何種戰略？

☐ A、為了在沿海或公園地區興建旅館，展開瘋狂大借款

☐ B、害怕破產，在遊戲中謹慎地保住自己的財產

☐ C、買下路段收取租金，靜待它漲價

☐ D、為了從銀行提錢，儘量弄到「特別提款權」

8、你對儲蓄的看法？

　　□A、不必依靠他人而成功的辦法

　　□B、將人們導向投資市場的「一隻隱形的手」

　　□C、萬靈丹

　　□D、避免生活不安的必要手段

9、你什麼時候覺得最充實？

　　□A、寫出詳盡周密的發展計畫書時

　　□B、做成一筆生意，獲得豐厚收益時

　　□C、在公司加班完成一項重要任務時

　　□D、閱讀公司業績報告期刊時

10、下列商業鉅子你最欣賞哪一個？

　　□A、海夫納

　　□B、摩根

　　□C、洛克菲勒

　　□D、艾文

11、聽到「安全」兩個字時你立刻想到什麼？

☐ A、防盜鎖

☐ B、和平

☐ C、合約或保險

☐ D、某地發行10年期、利息為12、75％的公債

12、生平第一次賺錢是透過什麼方式？

☐ A、小學時因為成績優秀獲得獎勵

☐ B、撿拾破銅爛鐵拿去賣

☐ C、參加有獎競賽活動

☐ D、打零工，如賣報紙、整理草坪等

13、你的股市投資哲學屬於下列哪一類？

☐ A、省下一塊錢就是賺了一塊錢，謹慎入市

☐ B、為預防將來生活出現困難，寧可儲蓄

☐ C、分析證券公司的各種資訊，分散投資

☐ D、探聽那些投資大戶的動向，合理跟進

14、你對自己的薪水感到滿意嗎?

　　□ A、我對公司所付出的心力不值得拿這麼多

　　□ B、如果我是個拜金主義者,早改行了

　　□ C、薪水已是年資較長者的兩倍,有些意外

　　□ D、和我對公司的貢獻比較起來,簡直不成比例

15、你認為下列何種能力是商場上致勝的關鍵?

　　□ A、幽默感

　　□ B、親和力

　　□ C、MBA的資格

　　□ D、敏銳的分析能力

你是**當老闆**的料？
還是天生**奴才命**！
職場心理測驗告訴你

評分標準

題號	1	2	3	4	5	6	7	8	9	10
A	3	2	1	2	1	2	3	4	2	2
B	1	4	2	1	4	4	1	3	4	4
C	2	3	3	3	2	1	2	1	3	3
D	4	1	4	4	3	3	4	2	1	1

題號	11	12	13	14	15
A	1	3	2	3	1
B	2	1	1	1	2
C	4	4	3	2	4
D	3	2	4	4	3

測試結果

29分以下：

在此只能為你感到惋惜，你確實不適合經商，沒有必要再去讀MBA了。在你身上沒有一點商人的特質。

30～39分：

你的經商能力還不夠，對你來說，最好的儲蓄方法是買張獎券。你也許有一點藝術天分，不過，並不是每個人都有藝術細胞，

你一定不要荒廢了這個優勢，選擇一份合適的工作，充分發揮你的藝術能力吧！

40~49分：

你的經商能力不錯，可是單位主管的職務比經營者更適合你，不過不必氣餒，你具有成功商人的特質，你盡可以發揮自己的特長，在主管類的工作上做出更傑出的成績。

50分以上：

恭喜恭喜！你具有非凡的商業才能，能敏銳地捕捉商業資訊，並能駕馭市場，同時你也是注意力集中、思維清晰的工作狂。

在團隊中你扮演什麼角色?

　　家庭、學校、公司以及其他組織都可以說是一個團隊,而你是團隊中的一分子,那你在團隊中扮演什麼角色呢?是舉足輕重,還是微不足道?你的存在使團隊更有生機嗎?透過這個測試讓你知道自己在團隊中扮演的角色!

　　天氣不錯,你走到體育中心裡,發現有一個可愛的小女孩手裡拿著一個氣球,你感到眼前一切都非常美好,突然女孩子手一鬆,氣球從她手中飛走了,你覺得氣球最後會怎樣?

□A、會有一位大人幫她把氣球追回來

□B、被鳥啄破

□C、掛在樹枝上

□D、飛到高空裡不見了

測試
結果

選A：選會有一位大人幫她把氣球追回來的人常會扮演弟弟妹妹般的角色，在集體裡很受眾人疼愛。你可以繼續發揮你的長處，讓更多人喜歡你。

選B：選被鳥啄破的人平常雖不多話，但心思縝密，你只要一開口，你的意見就會很受重視。建議你繼續保持優勢，少說無謂的話，讓自己顯得更有權威感。

選C：選掛在樹枝上的人是領導者，你的高瞻遠矚頗得眾人信賴。相信我，你應該繼續引領大家走下去，因為很多人都把你當作是一種依靠。

選D：選飛到高空不見了的人很有創意與靈感。在團隊中，你最好能負責企劃方面的事務，你的想像力和創造力，將會讓別人大吃一驚。

你是不是個支配狂？

控制權是我們大多數人所嚮往的，但是，有些人對於控制權的渴望更甚於其他人，而且會不擇手段謀取它。

對於這些人而言，對自己的人生以及周圍的人掌握更多的控制權，可以讓他們更能有被認可感。但事實上他們會發現他們能夠控制和支配的東西很少，過於追求控制往往適得其反。你是這樣的人嗎？做完下面的測試就知道了。

1、你是否喜歡掌控電視遙控器？

□A、不喜歡

□B、遙控器通常是由別人使用

□C、喜歡

2、如果你有一個未接電話，並且查到來電話的號碼，你會不會回撥這個電話，問對方找你有什麼事？

□A、通常不會，除非我的確很想和這個人交談，或者他們再打電話給我

☐ B、偶爾會，但那必須是我熟悉的電話號碼

☐ C、是的，無論我是否熟悉這個電話，我都會回

3、你是否對盡可能多地瞭解你認識的人很感興趣？

☐ A、沒有特別的興趣

☐ B、偶爾會感興趣

☐ C、是的

4、你和幾個朋友一起看電視，誰來決定看哪台？

☐ A、一般我決定

☐ B、我的朋友決定

☐ C、我與朋友商量後決定

5、你是否對自己的命運感到滿意？

☐ A、是的

☐ B、基本滿意

☐ C、不，我渴望獲得更多

6、你當過媒人嗎？

□ A、從來沒有

□ B、有一次

□ C、不止一次

7、當為你自己選購東西時，是喜歡獨自去還是與夥伴一起去？

□ A、我喜歡與夥伴一起去

□ B、無所謂

□ C、我喜歡獨自去選購

8、你是否相信這句古老的諺語：「自己動手，豐衣足食」？

□ A、不相信，我覺得很諷刺

□ B、有時是這樣

□ C、通常是這樣

9、你的性伴侶突然提出要在奴役性遊戲中扮演主角。你對此作何反應？

□ A、我會因此感到很興奮

□ B、有一點驚訝，但是會很配合

□ C、大惑不解，並且感到有點不自在

10、你是否因為不能自制而感到緊張？

□ A、從不或很少

□ B、偶爾

□ C、經常

11、你在飲食上追求時尚嗎？

□ A、不會

□ B、不會，但別人有時會説我追求時尚

□ C、如果説這意味著放棄那些我從前喜歡但是對
健康不利的食品，那麼我的確追求時尚

12、你發現人們突然叫你名字的首字簡稱，你會有何感受？

□ A、我能夠接受，但是更希望他們稱呼我的全名

□ B、毫不介意

□ C、十分高興，並且奉承説也許我的真名是多餘

你是**當老闆**的料？
還是天生**奴才命**！
職場心理測驗告訴你

13、主持晚宴和被邀請參加晚宴，你更喜歡哪一個？
　　　□A、被邀請
　　　□B、無所謂
　　　□C、主持

14、以下哪種想法讓你感到最恐懼？
　　　□A、在無人居住的沙漠裡待上五年
　　　□B、在監獄裡蹲五年
　　　□C、成為二等兵為國家服五年兵役

15、你離開原來的工作單位後，碰巧遇到從前的同事，當問及原公司現在的情況時，你最願意聽到以下哪一句話？
　　　□A、情況很好，每個人都很好
　　　□B、和原來一樣，並不比從前更好
　　　□C、自從你離開之後，情況不是那麼好了

16、在晚會上，你一個人感到無所事事時，看見了一個對你很有吸引力的女孩。你希望在晚會結束前，發

生什麼事情？

☐ A、與她聊天，並且互相交換電話號碼

☐ B、在不久以後約她或者被她約

☐ C、當晚就邀請她到你的住處

17、你是否認為由你來管理這個國家，會管理得更好？

☐ A、不會

☐ B、可能吧

☐ C、絕對是的

18、你是否希望你的同伴在他們所選擇的行業中達到最高峰？

☐ A、我只希望他們得到他們最想要的

☐ B、我不會督促他們，但是如果他們做得好，我會替他們高興

☐ C、是的，我熱切地希望我的同伴在自己選擇的行業中獲得成功

19、如果你不能按照自己的方式行事，你是否會生氣或

惱火？

□ A、我希望不會

□ B、可能，偶爾會

□ C、會的

20、你和你的同伴坐同一輛車出去，剛好你們都會開

　　車。你會希望由誰來駕駛汽車？

□ A、我的同伴

□ B、無所謂，因為我們都是很好的司機

□ C、我自己

21、你在別人說話的時候經常打斷他們，還是讓他們說

　　完以後再說？

□ A、我通常讓別人說完

□ B、我想我偶爾會打斷別人

□ C、我承認我經常打斷別人，不讓他們把話說完

22、你是否曾經擁有或者希望擁有一條狗？

□ A、沒有

□B、是的

□C、我現在有一條狗，並且以前也養過一條狗

23、以下哪個詞能準確地描述你？

□A、獨立的

□B、普通的

□C、重要的

24、你是否贊成在婚前簽訂財產協議？

□A、不贊成，因為這是一種愚蠢的現代做法

□B、也許很富有或很有名的人需要

□C、是的

25、你是否花很長時間打扮自己？

□A、不會

□B、不會花很長時間，但我對自己的外表有信心

□C、是的，我的外表以及別人如何看我對我而言
很重要

你是**當老闆**的料？
還是天生**奴才命**！
職場心理測驗告訴你

評分標準

選A得0分，選B得1分，選C得2分，最後匯總分數。

測試結果

0～20：可以肯定你不是一個支配狂，整體來說，你對人生抱有一種輕鬆的態度，並且樂於隨波逐流。唯一需要注意的，是你可能很容易被別人控制，甚至被支配。因此，你應該確保在任何時候自己的行為不被別人操控，你永遠屬於你自己，而且你生活的方式和計畫最終由你自己來決定。

21～35分：很幸運，你既不是那種支配狂，也不是很容易被其他人支配的人。也許你的最大優點就是能夠與其他人和諧相處，同時認為大家的共同決策能勝過一個人的決定。

36～50分：你的得分表示你在很大程度上喜歡支配，這也許意味著你感覺可以控制自己的人生，但是，在過分地沉湎於將自己的願望、意志、嗜好或者生活方式強加於他人之前，你有必要控制一下這方面的傾向。換言之，在你打算支配別人之前，最好先掂量一下自己的分量。

你期待能達到什麼成就？

　　你期待自己能達到什麼成就呢？透過下面的測驗，你就知道了！

　　如果你去森林公園，你希望能看到什麼樣的建築物？

□ A、豪華獨棟的別墅

□ B、童話式的糖果屋

□ C、有牛有羊的牧場

□ D、充滿自然氣息的木屋

□ E、充滿人文氣息的廟宇

測試結果

選A：你理想高遠,對事業有一番期許,希望自己能達到一定的社會地位。另外,你也希望自己的經濟能力能夠勝人一籌。

選B：你有時想要逃脫現實,與其說你期待在事業上有所成就,不如說你更希望有一個人能成全你、瞭解你。

選C：你認為事業成功與家庭幸福一個都不能少,對你而言,事業與家庭有一樣不完滿,也是莫大的缺憾。

選D：你對物質生活並不那麼留戀,你在事業上對自己會有「做什麼就要像什麼」的期許。

選E：你的事業將不會循著前人鋪好的路走,你在事業上將有一番作為。

你的發展潛能有多高？

　　你的工作潛能在哪？適合從事哪類職業？做完以下的測驗，也許你就能找到方向了。

　　偶爾和朋友到壽司店去，眼前有各種壽司。如果朋友說：「喜歡什麼就拿吧！」你最先會拿哪一種呢？壽司的排列次序如下：

　　　　□A、蝦
　　　　□B、金槍魚
　　　　□C、鮑魚
　　　　□D、花枝
　　　　□E、海苔
　　　　□F、雞蛋
　　　　□G、魚子

你是**當老闆**的料？
還是天生**奴才命**！
職場心理測驗告訴你

測試結果

選A：**蝦**——欲求執著型

為了實現自己的欲求及願望，犧牲其他東西也在所不惜。有崇高的理想，討厭平凡的事情。另外，工作能力很強，但人際關係不怎麼樣，不適合從事管理工作。

選B：**金槍魚**——傳統規矩型

具有判斷力及行動力。重視人際關係，能獲得其他人的信賴和支持，最適合當上班族。

選C：**鮑魚**——耐力不足型

耐力不足，卻想要追求刺激。做任何事情總是半途而廢，屬於「凡事只有三分鐘熱度」的類型。

選D：**花枝**——實際型

不注重外觀，具有將想法立即付諸行動的性格，是對金錢非常關注的現實主義者。

選E：海苔——妥協型

心中的想法往往不形於色，屬於內向型。在日常生活中經常作出妥協，即使是討厭的事情也能忍耐。一生中不會有非常高的職位，但踏實的工作態度將受到重視。

選F：雞蛋——感情化的類型

容易受心情影響，抵擋不住外界的誘惑，欠缺自信和主體性，常為他人的意見所左右。

選G：魚子——自我顯示型

不滿足於平凡的事，並力求讓周圍的人看到自己的能力，是喜歡炫耀的人，對上司及權威有強烈的反抗心，所以適合從事業務工作。

你是果斷的人嗎？

　　「果斷」是你人生的一張關鍵牌，你是否具備果斷的素質？面對重要問題，你能迅速做出結論、果斷地拿出解決方案嗎？你身上有領導者的氣質和風範嗎？請以「是」或「否」回答下面12道測試問題，並在8分鐘之內完成作答。

1、能在一個待了多年的崗位上，很快地適應與以前有很大變化的新規章、新安排嗎

2、到一個新工作環境，你能儘快熟悉並融入其中嗎？

3、假設你的認識與上司意圖相背，你會直言相告嗎？

4、如果有一份待遇更好的工作，你能毫不遲疑地放棄現有的工作嗎？

5、工作中出現失誤，你會千方百計地掩飾並拒絕承認是自己的問題嗎？

6、你能直接說出拒絕某事的目的和原因，而並不試圖以謊話掩蓋真相嗎？

7、經過深思熟慮之後，你會推翻或改變以前對某些事物的看法和判斷嗎？

8、在未被允許前，你會以自己的想法修改你正在流覽的別人的文章嗎？

9、會購買你很喜歡，但對你並沒實際用處的物品嗎？

10、在重要人物或領導的勸告下會改變想法或做法嗎？

11、是否會在休假到來前的一星期就做好了度假計畫？

12、你能做到永遠對自己說的話負責嗎？

評分標準

以上題目中，第1、3、7、12題回答「是」得3分，回答「否」得0分。

第4、6、8題回答「是」得2分，回答「否」得0分。

第2題回答「是」得4分，回答「否」得0分。

第5題回答「是」得0分，回答「否」得4分。

第9題回答「是」得0分，回答「否」得2分。

第10題回答「是」得0分，回答「否」得3分。

第11題回答「是」得1分，回答「否」得0分。

然後計算總分。

測試結果

0～9分：

你很不果斷，遇到任何事你都不能在較短時間內做出判斷，即使你才華橫溢，也難有施展的地方，缺乏魄力成為你為人處世中最大的障礙。

10～18分：

你能夠在一定程度上做出決斷，但極其小心慎重，不過若遇到需馬上決定的大事時，你也不會遲疑，在你身上慎重並不代表猶豫。

19～28分：

你是個十分果斷的人。你在思考問題時，有較強的邏輯性和連貫性，再加上你的經驗，你可以非常迅速地對突發事件做出判斷，並採取有效的解決辦法。你很有自信，一旦下定了決心就會堅持到底，但你並不一意孤行，發現錯誤也能及時回頭。

29分以上：

你已經果斷到近似武斷了，你認為自己無所不能，唯我獨尊。如果你處在領導者崗位上，那這樣的做法對你顯然很不利，你需要變這種工作作風。

你能成為人生的大贏家嗎？

　　下班回家路上，接到一個朋友的電話，說是明天有一個重要的宴會需要你親自舉辦。於是你立刻著手此項活動，首先你要挑選舉辦的場所，你會挑選哪裡呢？

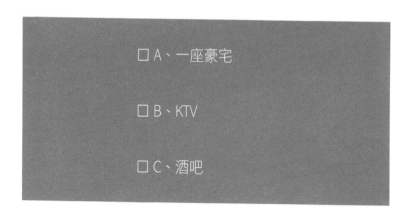

□ A、一座豪宅

□ B、KTV

□ C、酒吧

你是當老闆的料？還是天生奴才命！

職場心理測驗告訴你

測試結果

選A：

你在團隊中總是卓爾不群，也是最引人注目的一個人。在你的心裡有一股強大的能量，不斷地將你推到人生最明亮的地方，要你盡情地演出。當你經過求學、社會經驗的完整訓練之後，一定可以成就一番大事業。人生大贏家，非你莫屬。

選B：

對未來你沒有抱有很大幻想，不愛學習和成長，對於複雜的人際關係也不擅長，當然無法成為人生大贏家。你一直以得過且過的心態過日子，今朝有酒今朝醉，反正明天太陽照樣升起來。雖然沒什麼成就，但是自己過得很快樂。

選C：

你總幻想自己以後一定能出人頭地，闖出一番事業來，可是在現實生活裡，卻還是居陋巷、住破屋、為錢奔波。你的問題就出在你沒有行動能力，每次說得天花亂墜之後倒頭就睡，你大概只能在夢裡當大贏家吧！

你成功的動機有多強？

你和戀人前往50層樓高的餐廳吃晚餐，但電梯到了40層樓因故停止，需要走樓梯，這時你會：

□ A、離開那棟大樓
□ B、爬上50層樓
□ C、打電話到50層樓，要求他們把菜送到40層樓來
□ D、在40層樓的餐廳將就吃

測試結果

選A：這種人成功動機弱，擅長計畫卻不採取行動。

選B：這種人成功動機強，會向目標積極邁進，即使成功也不滿足，會企圖獲得更高的成就。

選C：這種人是想做時努力做、不想做就不做的任性的人，成功動機具有不穩定性，時而強、時而弱，很難堅持到底。

選D：這種人沒有那麼強的成功動機，只要預料會遭遇困難便馬上放棄。

你有良好的公關能力嗎？

　　良好的公關能力是現代社會生活中人的重要素質之一。它主要表現為一個人在社交場合的介入能力、適應能力、控制能力以及協調性等。

　　下面設計了幾種環境中的對話，你會選擇哪種回答？每種回答都標有不同的分值，做完後將總分值與結果對照，可以預知你的公關能力。

> **1、在餐廳，當顧客說：「哎呀！你把水灑到我新衣服上了！」你如果是服務生，會回答：**
>
> □ A、「誰叫你走路不長眼睛。討厭！」
>
> □ B、「對不起，請用毛巾擦一下吧！」
>
> □ C、「真糟糕！怎麼辦好呢？」

2、在學校，當你和同學們一起議論另一個同學時，其中一位同學說：「他又碰釘子了。」你接著說：

☐ A、「那傢伙差勁！」

☐ B、「撒謊！是真的嗎？」

☐ C、「真可憐！」

3、在家中，媽媽說：「成績還是這麼差，是怎麼回事？」你會說：

☐ A、「是媽媽的孩子咩，沒辦法！」

☐ B、「對不起，我已經努力了。」

☐ C、「下次成績會讓妳高興的。」

4、在公車站牌前，因人多而沒有擠上去，你的朋友說：「等一會兒再上吧！」你會說：

☐ A、「老是這樣會一直上不了車的！」

☐ B、「是的，等下一班吧。」

☐ C、「高峰期總是這樣，真討厭！」

5、在飯店酒桌上，顧客說：「這杯子沒有洗乾淨，上面還有手印呢！」如果你是服務生，如何回答？

□A、「已經洗淨了，不用擔心。」

□B、「真抱歉！」

□C、「對不起！我幫你換一個。」

6、在公車上，因為人多互相擁擠，有人對你說：「不要擠了！」對此，你會作何反應？

□A、「人多，沒辦法！請你向前靠一些好了！」

□B、「對不起！」

□C、「真是的，我也不想擠啊！」

7、與戀人約會時，對方因為來晚了而對你說：「喲，我遲到了。」你會作何回答？

□A、「真不守時！。」

□B、「不必介意，不必介意！」

□C、「你是我愛的人嘛！」

題號	1	2	3	4	5	6	7
A	1	1	1	3	1	1	1
B	3	3	2	2	2	3	2
C	2	2	3	1	3	2	3

13~21分：

社交能力較差，並對自己的好惡不太外露。但在行動上給人以唯我獨尊的印象，不太考慮別人的情緒，不善於理解別人的行動。因此，你要注意把自己放在大環境中去生活，並且努力去適應環境。

7~12分：

具有很強的公關意識和公關能力，具有很強的社交能力和協調能力。遇事能夠仔細考慮他人的情緒和周圍的環境。即使討厭的事情，如有必要，也能夠控制住自己的感情去適應環境。具有承擔責任的勇氣，需要防止的是：過於冷靜，以致淡漠處世，喪失個性，失去自我發展的機會。

你是否能掌握成功的祕密?

有人說成功的真正祕密,在於沒有祕密。這種說法不無道理,因為成功的祕密不止一條,對於不同的人而言,許多種不同的因素,決定著他們的成功程度。而多種不同的因素恰好是其中的祕密因素,想知道自己是否掌握了成功的祕密嗎?做下面的測試就知道了。

對於下面的每道題,從1~5中選擇一個數字,表示你對該陳述的認同度或者適合你的程度。選5表示你最認同/最適合於你,順序遞減到1表示你最不認同/最不適合於你。一共35道題,每則陳述只選擇一個數字。

1、我是實幹家,不是空想家。
2、努力工作是因為被自己內心的信仰和追求所驅動,而不僅僅是為了酬勞。
3、在生活中,總是自己創造機會,無論好壞。
4、總是覺得下班時間太早。

5、是那種總有很多工作要做的人。

6、我是一個特別有自信的人。

7、從不放棄好的計畫。

8、為了得到想要的東西，我有時會很無情。

9、無論員工社會地位如何，我總讓他感覺在我的公司
工作是一段有意義的經歷。

10、完美是不可能的理想。

11、盡力做好每一件事十分重要。

12、人生的成功遠遠不限於實現自己設定的目標。

13、會忍痛割捨自己最喜愛的業餘愛好，這樣做對我而
言意味著事業的成功。

14、很喜歡追根究底。

15、認為應當抓住人生的每一個機會，哪怕有時要冒一
定的風險。

16、很容易對某一件事情長時間地集中注意力。

17、總是展望未來。

18、我不是三腳貓。

19、可以毫不費力地向別人表達自己的想法和感受。

20、每一天我都感覺自己更加自信。

21、世界上沒有所謂的優秀的失敗者，儘管有些失敗者的情形會略好一點。

22、不害怕成功，儘管這可能給自己帶來敵對者。

23、為了到達成功的彼岸，永不放棄。

24、如果不與其他人交往，不可能獲得成功。

25、在別人的公司時，我感覺自己很重要並且很特別。

26、每個人都可以克服社會隔閡。

27、強烈認為，一旦開始工作，就要有始有終。

28、不喜歡聽其他人吹噓自己的成就。

29、比一般人的擔憂要少得多。

30、從不採取折中辦法。

31、在很多聽眾面前演講時，我不會感到緊張。

32、不害怕失敗。

33、努力工作是成功之道。

34、很清楚五年後自己大概是什麼樣子。

35、是那種不斷嘗試的人。

評分標準

你選擇1～5個數字中的哪一個，就計分為幾，最後計算總分。

測試結果

126～175：

即使你現在還沒有成功，但是你的成功也是指日可待的。如果你已經獲得一定程度的成功，那麼你還將取得更大的成功。你幾乎擁有成功所需要的所有品質，例如性格、才能和想像力，當然還有最重要的雄心壯志，它激勵你努力取得你能夠取得的成就。

需要警惕的是，你要注意不要成為工作狂，不要以犧牲家庭，或者最終的個人幸福為代價。如果你能夠成功地維持兩者之間的平衡，那麼無論是生活上還是事業上，你都能夠實現大部分目標。

90～125：

你確實渴望成功，並且擁有獲得成功所需要的品質，但是也許你應當工作再努力一些，再增加一些自信，相信自己可以獲得

成功。如果你工作很努力，但這是在為別人服務，還是在為自己奮鬥呢？如果是在為別人服務，那麼請讓自己相信「一分耕耘，一分收穫」，並且這些回報有助於將來自己的發展。

考慮設計自己的目標同樣很有用。許多成功者都為自己設計目標，然後從自己目前所處的位置向目標邁進。這些目標可以是任何你想得到或者需要的，但是在設計目標時，應當考慮其他可選目標、其他人以及生活中的其他方面。

提前做計畫的好處在於，你心裡很清楚自己真正的目標。在設定目標之後，下一步應當是採取正確的行動朝目標努力。

35~89：

如果希望在自己從事的領域中獲得成功，你還需要付出大量的努力。但這真的是你最想得到的嗎？你也許認為快樂比成功更重要。事實上，對許多人而言，快樂就是成功。許多人認為只有實現自己的抱負才會快樂，另一些人則認為快樂是和諧的家庭生活、穩定的工作以及正常的收入，無須太多壓力和責任。

你的成功指數有多高？

成功的大門為有準備的人而開，「海闊憑魚躍，天高任鳥飛」，你想成為一隻傲視長空的雄鷹，還是一條躍進龍門的鯉魚呢？做一下下面的測試，看看你的成功指數有多高，還可以順便看看你的不足在何處，趕快開始吧！

1、你去商場買衣服的時候，和另一個人同時決定買下同一件衣服，這時你會？
　　□A、很有禮貌地讓給那個人
　　□B、一定要買到手
　　□C、問問那對方為何想要，兩人商量一下

2、你對現在從事的工作怎麼看？
　　□A、為了將來更出色打下堅實的基礎
　　□B、做得和大家一樣好
　　□C、爭取做得比別人出色

3、如果你一天被偷了兩部手機，你會？

　　□ A、覺得很羞恥

　　□ B、命中註定今天被偷

　　□ C、一定是自己的問題，自己真是太不小心了

4、正在家裡看書，突然發生強烈地震，你會怎麼辦？

　　□ A、找個狹小的角落躲起來

　　□ B、往外跑

　　□ C、和家人在一起

5、你坐車去旅行時，半路上汽車忽然拋錨，你會？

　　□ A、下車看看什麼原因，幫幫忙

　　□ B、在車上等

　　□ C、趁機出去玩一會兒

6、你比較嚮往下列哪種生活狀態？

　　□ A、藝術家自由自在的生活

　　□ B、探險家新奇刺激的生活

　　□ C、企業家充實勤奮的生活

7、對「要想成事，先要做人」這句話你的看法是？

    ☐ A、真理

    ☐ B、廢話

    ☐ C、一句空泛的哲理

8、你在學生時代做過班級的管理工作嗎？

    ☐ A、一直是幹部

    ☐ B、沒當過幹部

    ☐ C、曾經做過班幹部

9、你一定玩過鞦韆吧？你盪鞦韆時通常是什麼狀態？

    ☐ A、能盪多高就盪多高

    ☐ B、有節奏地來回盪

    ☐ C、坐在鞦韆上，隨意晃動

10、你認為要發大財需要什麼條件？

    ☐ A、機遇

    ☐ B、不懈奮鬥

    ☐ C、奮鬥+機遇

評分標準

題號	1	2	3	4	5	6	7	8	9	10
A	1	2	2	3	3	1	3	3	3	1
B	2	1	1	2	2	2	1	1	2	2
C	3	3	3	1	1	3	2	2	1	3

測試結果

24～30分：成功指數80%，功到自然成

你能把握機遇戰勝困難，是個難得的將才，而且你具備成功的決心、智商和勇氣。在挑戰面前，你務實勤奮的精神和幹勁，使你周圍的人都深受感染。只要你盡力，命運就不會讓你失望。

17～23分：成功指數49%，功虧一簣

成功往往與你擦肩而過。你的問題就在於你既想做事又想過舒服的日子，這樣使哪一樣都沒有得到，經常離成功只有一步的時候失敗。應該增加一些信心和恆心，或許成功機會會大一些。

10～16分：成功指數30%，功成不居

你對名利和權勢不是特別熱衷。因為你的生活目的和標準與別人不太一樣，你敏感浪漫的情懷使你很嚮往自由的生活。所以在不經意間，你可能成就大事，但這是強求不來的。

想成功的你該注意什麼？

西方人相信一句諺語：「心有多大，成功就有多大。」想知道自己能獲得多大成功嗎？做完下面的測試，即可知道了。

假如你正從一個冰窟窿裡往外拉一條魚，突然發現原來魚的嘴裡還銜著一條掛滿東西的繩子，還越拉越多……最後你會拉到哪一步呢？

□A、繩子上拴著的一個玩具娃娃
□B、玩具娃娃手裡抱著的一個盒子
□C、盒子底下的一個雪橇板子
□D、雪橇板子前頭掛著的一頭麋鹿

你是當老闆的料？
還是天生奴才命！
職場心理測驗告訴你

測試結果

選A：看見魚，還想要玩具娃娃，說明你是個對利益有興趣的人，但是沒有繼續發掘下去，說明你對機遇的把握欠自信，這導致了你錯失一些可以成功的機會。其實你何不自信一點？相信機遇會垂青自己，總要比機遇來了卻毫無準備好得多。

選B：想要取得玩具娃娃手裡的盒子，說明你看得到事物的主要利益面，也不會忽略次要的一些因素。你很善於利用這種條件為自己創造收益。你對「自己是否會成功」這個問題時而懷疑時而堅定不移，建議你行事切忌丟西瓜撿芝麻。

選C：敢於得到盒子後進一步行動，說明你是個有魄力的人，也說明你很可能會比同年齡的人更早獲得成功。然而這也正是你所要面臨的問題，年輕時激進還好，中年後就要注意以穩為先了。

選D：繼續拉的行動，展現出你對成功的追求是他人難以想像的。不管你是否表現出來，你內心深處都給自己定下了一個十分遠大的目標。你很可能會獲得空前的成功。需要注意的是，一旦出現需要為了成功鋌而走險的情況，你一定要謹慎考慮。

你的工作態度是什麼？

終於進入一家你比較滿意的公司。第一天上班，你認為，下面哪一樣是你一定會隨身攜帶的？

> □A、筆記型電腦
> □B、工作證或身份證
> □C、筆記簿或電子秘書

測試結果

選A：你比較聰明靈活，所以很容易得到老闆的重用。你的野心很大，相信已經有一個全盤大計，打算逐步升到高層。

選B：你懂得人情世故，做人做事有自己的一套哲學。處世圓滑的你，經常扮演和事老的角色，幫忙調解公司內大大小小的爭執。

選C：你有很強的事業心，目標未達到你不會輕言放棄。因為你的自尊心強，而且對自己要求高，所以會有很大的心理壓力。得閒的時候，多去旅行玩玩，輕鬆一下！

你知道自己屬於哪種臉形嗎？

在觀相學上，人的臉可分為上庭、中庭、下庭三個部分，而它們各自代表知(智力)、情(感情)、意(意志力)。例如，逆三角形臉的人，知的領域非常突出，卻在情、意方面有所不足。而圓形及菱形臉的人，則是以「情感」取勝。

人的臉可以大致分成6大類。你知道自己屬於哪一臉形嗎？這裡，將以「性格」、「適合的職業」和「行為模式」為例加以說明。

□A、圓形臉

□B、方形臉

□C、瘦長形臉

□D、標準形臉

□E、橢圓形臉

□F、混合形臉

選A：

性格：開朗樂觀型。態度親切，平易近人，一般不會拒絕別人的請求。具有幽默感，但有時會為一件單純的事而生氣動怒。

適合的職業：商業或社交性的職業。譬如會議主持、人事管理、銷售等工作最適合。

行為模式：在集體活動中，總是被推選為發起人，然後負責整個活動。對於意見衝突，與自己計畫不合的狀況，不會過於在意，而且經常會翻臉不認人。儘管如此，大致上，他的乾脆作風仍然深受大家歡迎。

選B：

性格：外向、富有活力，不達目標不甘休。這類人意志堅強，絕不委屈自己的看法，換句話說，非常執著。

適合的職業：駕駛員、軍人、與海洋相關的行業。如去公司上班則適合從事後勤類工作。

行為模式：這種類型的人一向按自我意志行事，所以很容易與上司起衝突。同樣，他也不會做事半途而廢，總是事事力求完善。或許因為對人要求較為嚴苛，所以較難和同學或朋友建立融

洽的關係。

選C：

性格：個性膽怯、溫和。創造力很強，但欠缺耐力。面對別人，總是十分謙恭、禮貌周到。在追求理想方面，擁有極大的想像空間。

適合的職業：音樂家、廣告策劃、詩人、記者、與教育相關的工作。

行為模式：喜歡獨自閱讀、沉思，陶醉在個人的想像空間裡。在一個團隊裡，雖然建議極多，也頗有獨特之處，卻缺乏實踐能力。這種類型的人最大的缺點便是點子雖多，實現之日卻遙遙無期。

選D：

性格：容易對一件事熱衷，而且喜歡把自己的夢想理論化。

適合的職業：科學、技術、醫學的研究或調查等領域。在專業技術方面，可以成為學有專精的專家。在公司上班，則適合研究、開發、調查分析等部門。

行為模式：有時過於自信，我行我素，因而走上失敗之路。

當然，這種類型的人為實現自己的夢想，也必然全力以赴，發揮個人最大的潛力。此外，由於凡事都興趣濃厚，好奇心十足，又追求變化，所以經常能提出各種方案。但一旦缺乏自信，埋在自我陰暗角落的時間會比一般人還長。

選E：

性格： 感情豐沛，也擅長與人交往。具有領導者的潛質，只要開口發言，便容易說服別人。

適合的職業： 機械、土木、建築、鐵路相關的工作最為合適，而且容易成為某領域的領導者。公司方面，則以勞務、管理工作較適合。

行為模式： 有能力處理棘手的疑難問題，也能心平氣和地接受不喜歡的事物。不過，有時為了求快，反而會出現錯誤，或誤解了別人的意思。這種類型的人對於工作，向來積極行事，鬥志昂揚，缺點是容易受指揮者影響。儘管如此，仍然是人人羨慕的對象。

選F：

性格： 不會去積極對外發展自己的欲望，容易順從和接受別

人交代的事情。喜歡安靜的事物，對冒險犯難的事興趣不大。

適合的職業：這種類型的人，在選擇職業時最困擾。能適應的職業範圍雖大，沒興趣的工作卻也很多。大致上，以有專門技術的職業最適合，不過，他需要有好的領導者指引。

行為模式：最典型的戀家型。傾向安定的生活，不會為了工作而捨棄與家人共處的機會。在行動上，由於欠缺堅持到底的耐力，所以經常因為時間的限制而把自己困住。在工作時間內，忠實執行任務是他的本分，但是要他加班晚歸實在是難上加難，不然就是心不甘、情不願。

你會被公司裁員嗎？

　　在這裁員風盛行的非常時期，人人都要特別留意，哪天是不是會輪到自己。你會被公司開除嗎？來測驗看看吧！

　　日式料理有很多，那麼你覺得吃哪一種食物，最能讓你感受到地道的日本味？

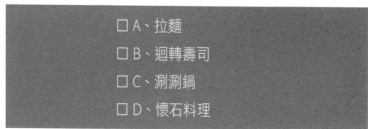

□ A、拉麵
□ B、迴轉壽司
□ C、涮涮鍋
□ D、懷石料理

選A：

　　你是個工作非常認真的人，覺得只要自己努力做事，問心無愧，這樣就算對公司有了交代，不必去想太多。事實上，很多人都看到你的努力，也很肯定你的工作態度，與你密切接觸的同事們都能證明這一點。你雖然不愛跟別人交際或套關係，可是多少

還是要與他人應酬一下,讓上級多認識你,免得位高權重的老闆要提拔員工的時候,不知道你是誰。

選B:

你把與同事以及上下級的關係處理得非常好,所以很多人都會成為你的眼線。你的反應相當靈敏,別人稍有一點動靜,你馬上就察覺其中有何不對勁,趕緊找別人商量,想出對策。就因為你善於結盟,周圍的同事包括上司都會「敬你三分」。

選C:

你做事向來都是雷厲風行、速戰速決,希望做得很有效率,然後把其他時間用來進修。這樣的態度很令人讚賞,也令你在工作的層次上提升不少。可是別人看你善於運用時間,多少有點眼紅,難免把你的求知上進看做是耗費時間,或是公器私用,而在你背後竊竊私語。在這裁員風盛行的非常時期,要特別留意,可別不小心背上「莫須有」的罪名。

選D:

你不會太在意公司的風吹草動,因為你很明白自己的價值所在,相信公司很需要你這樣的人才,所以不管別人傳的消息是如何繪聲繪色,你都不會放在心上。這樣穩如泰山的氣度,無論是同事或是老闆,都會因為你的篤定安然,肯定你的重要性。

你的女秘書穿什麼樣式的服裝？

如果你是一家大企業的負責人，有一位年輕貌美的私人秘書，你有權規定她的上班服裝，你認為下列哪項較符合你的想法？

□ A、保守的套裝，裙長過膝才顯得莊重

□ B、突顯身材的窄裙，這樣不但可以帶她出去應酬，
　　　自己也賞心悅目

□ C、和其他職員一樣穿工作服，公司要注意紀律

□ D、任其自由穿著

你是**當老闆**的料？
還是天生**奴才命**！
職場心理測驗告訴你

測試結果

選A：你是個平常看起來很散漫，實際上只要投入工作便一本正經的人。認真是你一貫的做事方式，而且勇於負責，絲毫不馬虎。你最痛恨敷衍了事的工作態度，所以你是十足的工作狂。

選B：你很聰明機靈，懂得在該努力的時候努力工作，能偷懶的時候也不放過休息的機會，所以你在工作時精神特別好，還很注意工作環境的情調，只能說你看起來像個工作狂。

選C：你是個公私分明的人，雖然談不上是個工作狂，但是只要做起公事時，你就不喜歡涉及私人的事情，基本上你也算工作狂型的人物。

選D：你是個奇才型人物，比較擅長策劃性的工作。你如果認真起來，做事會一絲不苟；但是如果你根本沒興趣，你就會搪塞過去，不太理會。所以你是不是工作狂，完全視工作性質而定。

你在工作上的警戒心高嗎？

　　如果你的蜜月地點最終選在美麗的馬爾地夫，兩人一下飛機便立刻到海邊去玩水上活動。

　　你認為你們會選擇什麼樣的水上活動呢？

□ A、水上摩托車
□ B、浮潛
□ C、衝浪

測試結果

選A：你對自己的工作能力深具信心，所以在工作職權範圍內，你也希望自己要有一定程度的掌控權。若職場上有人可能影響到你的既有地位，或者損及你的利益時，你的警戒心就會立刻高漲，甚至會拿出各種實際行動，來保護自己的權益，不容許他人奪取。

選B：其實你是個追根究底的人，所以在工作中若有任何風吹草動，一定逃不過你敏銳、好奇的眼睛。即使這個變化與你無關，你也會大驚小怪地參與討論。如果事關自己，那百分百會影響到你的工作情緒。

選C：你喜歡冒險和變化，面對工作中的變更能很好地接受，而且就算是別人升官發財，你也不以為意，因為你認為只要繼續努力，總有一天這種好事也會輪到你頭上的。所以，基本上你會用比較正面、積極的態度，靜觀其變來面對所有變局。

如何在職場上如魚得水？

假如有一家電影公司準備拍攝一部耗資千萬的電影，透過經紀人的推薦，決定請你到美國試鏡。聽到消息時你非常高興，但是對方卻提出一個條件，讓你難以決定應不應該接受，你覺得會是什麼條件？

☐A、必須自付住宿和機票的費用

☐B、需要住在好萊塢一個月

☐C、只付給你住宿和機票的費用，沒有酬勞

測試結果

選A：

你對工作不能説沒有企圖心，但是經常懷才不遇倒是事實。所以，你若想在職場上求得安穩的位置，最重要的就是必須表現出盡忠職守的態度，起碼也要先取得上司的信任，再談以後的發展。

選B：

你喜歡和人交往，而且不限定與什麼性格的人交往。任何人在你眼裡看來都有其不同的價值，因此只要能善加發揮你的社交手腕，建立起牢不可破的人脈網路，必能在職場中如魚得水。

選C：

你認為公司很多繁雜的事情讓你做是大材小用，其實適合你的是屬於管理階層的工作，你具有化繁為簡、重整組織架構的能力。

最適合你的職業是什麼？

1、幾個朋友一起去野外郊遊，每人負責準備一些物品，你想負責什麼呢？

☐ A、餅乾

☐ B、水果

☐ C、飲料

☐ D、紫菜飯團

2、當你聽到「文具」這個詞時，最先浮現在腦海中的是：

☐ A、筆記本

☐ B、橡皮擦

☐ C、剪刀

☐ D、鉛筆

3、讓你選擇要住的房子，除了房租之外你看重的是：

☐ A、是否是新房子

☐ B、是否安靜

☐ C、前景好不好

☐ D、交通是否便利

4、你房間裡的CD是以哪種方式擺放的？

☐ A、按買的先後順序

☐ B、按歌星

☐ C、喜歡聽的另外擺放

☐ D、按我自己的分類來放

5、說到「可憐的花」，你想到的是下面哪一種？

☐ A、雛菊

☐ B、燕子花

☐ C、百合

☐ D、滿天星

6、在夢中，你變成了動物，會是哪種動物呢？

☐ A、松鼠

☐ B、貓頭鷹

☐ C、海豚

☐ D、馬

7、你的郵筒中收到一張明信片，究竟是哪種卡片呢？

☐ A、美術卡片

☐ B、風景照卡片

☐ C、自己製作的卡片

☐ D、名畫卡片

8、提起「廚房裡的東西」，你最先想到的是：

☐ A、平底鍋

☐ B、冰箱

☐ C、燒水壺

☐ D、切菜板

9、假如在遊藝室玩遊戲，你會玩：

□A、射擊遊戲

□B、抓田鼠

□C、賽車

□D、戰鬥機遊戲

10、聽到「愛情」，你聯想到的詞是哪個？

□A、 戀人

□B、永遠

□C、光芒

□D、信任

評分標準

　　你所選擇的答案中，A～D哪一個最多，就是你所屬的類型。

如果出現了一樣多的情況，那麼那幾種情況對你都適用。

選A：性格明朗的能力型

你對初次見面的人也能以愉快的笑容相待，很容易使人打開心扉。在需要接觸很多人的工作或服務業中可以發揮你的能力。

選B：堅韌不拔的能力型

即使是曾想中途放棄的事，你也會咬著牙做下去。因此，在精密作業或完成目標需要很長時間的職業中可以發揮你的能力。

選C：有創意的能力型

你不為常識所束縛，常常有獨特的想法。你個性強，常有好的創意，從事自由職業最能發揮你的能力。

選D：冷靜踏實的能力型

你的優點是即使遇到困難也絕不逃避。你具有領導周圍的人努力獲取最大成果的能力，所以在需要領導才能的職業中你的能力能得到最好的發揮。

現在的你，為什麼想跳槽？

在這景氣不佳的年頭，作為上班族的你，是否也感受到了這股沉重的壓力？來看看你想換工作的原因。閉上眼睛，設想你在馬路上，你第一眼看到的會是什麼建築物？

☐ A、醫院
☐ B、博物館
☐ C、便利商店
☐ D、飯店
☐ E、公寓

Being a Boss or
Being Bossed around

測試結果

選A：你的工作很繁重，加班後回家還要熬夜，身心雙重疲倦。對工作覺得無力、忙得累得不行的你，為了身體著想，當然要用最後一點力氣，先逃為快！

選B：老闆和同事都不是你想跳槽的理由，但是你還是不滿足，因為時時追求新知的你，覺得在公司該學的都學到了，老是在原地踏步，覺得很沒意思，你渴望有機會能再進修充電。

選C：或許你對公司有一籮筐的不滿意，但是最讓你抓狂的是，薪水真的太少了，根本不夠你花，你覺得公司付給你的微薄薪水難以養家糊口。

選D：你覺得老闆或同事不夠重視你，而且還常常傷害你的自尊，你希望受到老闆和同事的尊重。你實在厭倦公司應酬式的人際關係，很想辭職不幹了，回家做自己的老闆！

選E：一成不變的工作內容，讓你覺得喪失自我，無法發揮個人的創意，這才是你想換工作的最主要的原因。

你是當老闆的料？
還是天生奴才命！
職場心理測驗告訴你

你的變革能力好嗎？

　　生活中有些人的惰性比較強，習慣於按照過去的模式生活和處理事務，不願意變換自己的工作環境和方式，而有的人則喜歡求新求變，喜歡不斷地去嘗試、創造。

　　看看你的變革意識如何吧！請選擇代表你想法的字母：A、非常同意；B、比較同意；C、稍許同意；D、不太同意；E、很不同意；F、極不同意。

1、印在紙上的主意、想法，其價值不如印它們的紙張。

2、世界上有兩種人，一種人追求擁護真理，另一種人排斥真理。

3、大多數人並不知道什麼才是對他有益的。

4、人生中的大事就是去做自己認為重要的事。

5、在這個複雜的世界裡，要瞭解事情的演變情形，唯一的途徑就是依賴我們信任的領導者或專家。

6、在當代論點不同的所有哲學家當中，有可能只有一、兩位才是正確的。

7、大多數人根本不會替別人想，哪怕是稍微設身處地想一想。

8、最好聽取自己尊敬的人的意見，再作判斷和決定。

9、唯有投身追求一個理想，才能使生命變得有意義。

10、當有人頑固不肯認錯時，我就會很急躁。

評分標準

A、－3分；B、－2分；C、－1分；D、1分；E、2分；F、3分。把分數相加則為你的總分。

測試結果

－30～－12分：變革意識較低。

－11～11分：變革意識中等。

12～30分：變革意識較高。

你是當老闆的料？
還是天生奴才命！
職場心理測驗告訴你

你有賺大錢的能力嗎？

貧窮並不是某些人的專利，誰都可以透過自己的努力，改變貧窮的命運，成為財富擁有者。

但是成為富人需要智慧和能力，這種智慧和能力你具備了嗎？對於下面的問題請用「是」或「否」來回答。

1、買東西時，會不由自主地算算賣家可能會賺多少錢。

2、如果有一個能賺錢的項目，而你又沒有錢，你會借錢投資。

3、在購買大件商品時，經常會計算成本。

4、在與別人討價還價時，會不顧自己的面子。

5、善於應付不測的突發事件。

6、願意經商而放棄拿固定的工資。

7、喜歡閱讀商界人物的經歷。

8、對於自己想做的事，堅持不懈地追求並達到目的。

9、除了當前的本職工作，自己還有別的一技之長。

10、對於新鮮事物的反應靈敏。

11、曾經為自己制訂過賺錢計畫並且實現了這個計畫。

12、在生活或工作中敢於冒險。

13、在工作中能夠很好地與人合作。

14、經常閱讀財經方面的文章。

15、在股票上投資並賺錢。

16、善於分析形勢或問題。

17、喜歡考慮全域與長遠問題。

18、在碰到問題時能夠很快做決策。

19、經常計畫該如何找機會去賺錢。

20、做事最重視的是達成的目標與結果。

回答「是」計1分，答「否」計0分，最後計總分。

得分在12分以上：

你已經具有一定的賺錢的心理基礎了，可能你還具備了較強的賺錢能力，你可以考慮選擇一個項目大膽地去做。

得分在12分以下：

你在準備投身於某一個項目之前，不妨再學習或訓練一下自己的賺錢技巧。

你對逆境的反應能力如何？

人生旅途，我們不可能總是一帆風順，難免會經受不同程度的困難與考驗。那麼，當逆境來臨時，你是坦然面對，還是畏縮不前？你對逆境的反應能力如何？做下面的測試或許能讓你快速找到答案。

假如有一天要你揹著降落傘從天而降，你希望自己降落在什麼地方？

□ A、青蔥的草原平地

□ B、柔軟的湖畔濕地

□ C、玉樹臨風的山頂

□ D、高聳的華廈頂樓

測試結果

選A：你期盼自己有個平凡順遂的人生，即使遇到運氣不佳的時候，也會盡其所能地使自己維持在正常的軌道中，重新尋找一個平衡的、規則的生活步調。所以基本上，你是個墨守成規的人，適合過有規律的生活。

選B：你的個性雖然略為保守，但在面對人生的不如意時，是能夠逆來順受的。你會在運氣不順遂的轉折中，尋找改變自己的方法，偶爾也會希望打破成規，重新調整生活步伐，但是改變的幅度還是不會太大。

選C：你是個常喜歡大刀闊斧，讓自己改頭換面的人，你認為人生就是要不斷注入新的體驗，才能夠進步，所以在每次遇到運氣不佳的時候，你會將危機化為轉機，可說你擁有相當積極的人生觀。

選D：你追求的是功成名就。當你的人生處在逆境時，儘管你心中百般恐慌，但仍舊會憑著自我的機智與耐力，去渡過難關。千方百計地讓自己更上一層樓的想法，正是你邁向成功的最佳原動力。

你的性格能承受多大的壓力？

你的性格能承受多大的壓力呢？是熱衷於激烈的競爭和挑戰，還是喜歡安於現狀，不思進取，或者是逃避現實和不接受壓力呢？做完下面的測試，你就知道了。

以下各題，你只需回答「是」或「否」。請以你的第一反應作答。

1、你是否一向準時赴約？

2、和配偶或朋友比，你是否更容易和同事溝通？

3、你是否覺得星期六早晨比星期日傍晚更容易放鬆？

4、無所事事時，是否感覺比忙著工作時自在？

5、安排業餘活動時，是否向來都很謹慎？

6、當你處在等待狀態時，是否常常感覺懊惱？

7、你多數娛樂活動是否都和同事一同進行？

8、你的配偶或朋友是否認為你隨和、易相處？

9、有沒有某位同事讓你感覺很積極進取？

你是**當老闆**的料？
還是天生**奴才命**！
職場心理測驗告訴你

10、運動時是否常想改進技巧，多贏得勝利？

11、處於壓力之下，你是否仍會仔細弄清每件事的真相，才能做出決定？

12、旅行之前，你是不是會做好行程表的每一個步驟，而當計畫必須改變時，會感覺不自在？

13、你是否喜歡在一場酒會上與人閒談？

14、你是否喜歡悶頭工作躲避處理人際關係？

15、你交的朋友是不是多半屬於同一行業？

16、當你生病時，你是否會將工作帶到床上？

17、平時的閱讀物是否多半和工作相關？

18、你是否比同事要花更多的時間在工作上？

19、你在社交場合是不是三句話不離本行？

20、你是不是在休息日也會焦躁不安？

評分標準

　　4、8、13題答「否」得1分，答「是」不得分；其他題答「是」得1分，答「否」不得分，請統計總分。12～20分：A型性格；0～9分：B型性格；10～11分：介於兩者之間。

測試結果

A型：

　　喜歡過度的競爭，喜歡升遷與尋求成就感，在一般言談中過多強調關鍵字彙，往往愈說愈快並且加重最後幾個詞；喜歡追求各種不明確的目標；全神貫注於截止期限；憎恨延期；缺乏耐心；放鬆心情時會產生罪惡感。

B型：

　　神情輕鬆自在而且思緒很慎密，工作之外擁有廣泛興趣；傾向於從容漫步；充滿耐心而且肯花時間來考慮一個決定。

你是有責任心的人嗎?

透過下面的測試,你可以檢查一下自己的責任心如何。每個題目你只需要答「是」或「否」。

1、與人約會,你通常準時赴約嗎?

2、你認為你這個人可靠嗎?

3、你會因未雨綢繆而儲蓄嗎?

4、發現朋友犯法,你會通知員警嗎?

5、出外旅行,找不到垃圾桶時,你會把垃圾帶回去嗎?

6、你經常運動以保持健康嗎?

7、你忌吃垃圾食物、脂肪性過高和其他有害健康的食物嗎?

8、你永遠將正事列為優先,再做其他事嗎?

9、你從來沒有錯過任何選舉嗎?

10、收到別人的信,你總會在一兩天內就回信嗎?

11、「既然決定做一件事情,那麼就要把它做好。」你相信這句話嗎?

12、與人相約，從不會耽誤，即使自己生病也不例外嗎？

13、你曾經犯過法嗎？

14、在求學時代，你經常遲交作業嗎？

15、小時候，你經常幫忙做家務嗎？

如果你回答「是」，請計1分；如果回答「否」，請計0分。

10~15分：

你是個非常有責任感的人。你行事謹慎、懂禮貌、為人可靠，並且相當誠實。

3~9分：

大多數情況下，你都很有責任感，只是偶爾有些率性而為，沒有考慮得很周到。

0~2分：

你是個完全不負責任的人。總是一次又一次地逃避責任，工作老是做不久，手上的錢也老是不夠用。

你的危機意識有多強？

　　未來是不可預測的，而人也不是天天都能走好運的。正是因為這樣，我們才要有危機意識，在心理上及實際行為上有所準備，好應付突如其來的變化。那麼你自信有危機意識嗎？下面的測試可以幫助你瞭解自己。

　　一頭乳牛正從牛舍裡出來吃草，請你憑直覺判斷，牠將走至下面哪一處覓食？

A、山腳下

B、大樹下

C、河流旁

D、農舍的柵欄旁

選**A**：

你的危機意識很強，甚至有點杞人憂天。也許原來很容易的事，但被你天天惦念著，久而久之也就變成困難了。放開心胸，天塌下來還有高個子頂著呢！

選**B**：

你是屬於那種高唱「快樂得不得了」的人，一天到晚無憂無慮，你認為「船到橋頭自然直」，沒啥好怕的。唉，如此樂天知命，天底下恐怕像你這麼樂觀的人已經不多了。

選**C**：

你有點「秀逗」哦！成天迷迷糊糊的，記性又不好，總是要別人提醒你才會有危機意識，但是一會兒之後，又完全不記得危機意識是什麼東西了。

選**D**：

你的確挺有危機意識的，連跟你在一起的人也被你強迫一起具有「危機意識」，簡直是思想強暴嘛！不過你所擔心的事的確有點擔心的價值，也就是說，你沒事瞎緊張，反而常常未雨綢繆。

你有忍辱負重的承受力嗎？

壓力無處不在，無處不有，正視壓力、解決壓力給我們帶來的困難，是我們每一個人都要面對的問題。對於強者，壓力帶來的是動力；對於弱者，壓力則意味著退卻、失敗。那麼，你有忍辱負重的承受力嗎？

下列問題，如果提示的答案與你的反應類似，請在括弧裡填「A會」，不是則填「B不會」。

1、在餐廳裡把還沒喝完的酒打翻了。你的反應是：

【 　】很愉快

【 　】不知所措

【 　】不在乎

【 　】說不出話來

【 　】自然地笑

【 　】臉紅不好意思

2、輪到自己口試時，聽到主考官用生硬、不和善的聲音叫你的名字。你的反應是：

【 　】有一股衝動

【 　】手腳顫抖

【 　】很鎮靜

【 　】冷靜

【 　】冒冷汗

【 　】感到不安

3、從外國旅行回來，海關人員要你打開裝有超重菸酒的皮箱。你的反應是：

【 　】很鎮靜

【 　】很興奮

【 　】冷靜

【 　】感到不安

【 　】冒冷汗

【 　】手腳發抖

你是**當老闆**的料？
還是天生**奴才命**！
職場心理測驗告訴你

4、車子半路爆胎，只好開到路旁。你的反應是：

【 　】鎮定

【 　】生氣

【 　】冒冷汗

【 　】保持平靜

【 　】感到不安

【 　】很緊張

5、警車半路把你攔下來，請你出示駕照。警官發覺你
有點著急，於是開始問話。你的反應是：

【 　】友善回答

【 　】處於備戰狀態

【 　】手發抖

【 　】很鎮靜

【 　】感到不安

【 　】冒冷汗

6、在舞會中跳舞跳得正高興，對方卻說：「你好像不
太會跳。」你的反應是：

【　】不在乎

【　】不知所措

【　】生氣

【　】臉紅

【　】很鎮定

【　】自然微笑

7、和人聊天時，把別人不想讓人知道的祕密不小心說溜嘴，雖然竭力找話搪塞、掩飾，對方還是覺察到了。你的反應是：

【　】不知所措

【　】臉紅不好意思

【　】結巴

【　】很鎮定

【　】無所謂

【　】手發抖

8、和朋友激烈爭論一件事，朋友以「再也不想和你談了」一句話終止爭論。你的反應是：

【 】充滿敵意

【 】很鎮定

【 】感到不安

【 】無所謂

【 】忐忑不安

【 】保持平靜

9、接到去機關報到的通知，按指定時間前往，已經等了一個多小時，仍無人接待。你的反應是：

【 】產生敵意

【 】生氣

【 】很鎮定

【 】心撲通撲通跳

【 】很愉快

【 】手心冒汗

10、突然有人請你在宴會中上臺演講。你的反應是：

【 】心撲通撲通跳

【 】焦躁不安

【　】很高興

【　】很沉著

【　】不知所措

【　】臉紅不好意思

11、採購完回家,一打開門發現洗衣機裡的水溢出來,
家中汪洋一片。你的反應是:

【　】很鎮定

【　】萬念俱灰

【　】手發抖

【　】生氣

【　】保持平靜

【　】無所謂

12、在討論會上,被人批評「你難道沒有自己的意見
嗎」,你的反應是:

【　】充滿敵意

【　】保持平靜

【　】不知所措

你是**當老闆**的料？
還是天生**奴才命**！
職場心理測驗告訴你

【 　】汗流浹背
【 　】說不出話來

13、搭電梯時，電梯突然停在兩層樓之間。你的反應是：

【 　】很緊張
【 　】很鎮靜
【 　】生氣
【 　】心撲通撲通地跳
【 　】不高興
【 　】冷靜思考

14、在餐廳吃完午餐準備付錢時，發現忘了帶錢包。你的反應是：

【 　】臉紅不好意思
【 　】很鎮定
【 　】心撲通撲通跳
【 　】很高興
【 　】不知所措
【 　】冒冷汗

15、 沒買票坐霸王車不幸被抓到。你的反應是：

【 　】臉紅不好意思

【 　】很鎮定

【 　】手發抖

【 　】無所謂

【 　】很丟臉

【 　】自然地笑

16、你準備一些相關的資料，以便和希望進入的公司人
事科長面談時用。面試時，人事科長卻說：「你提
出的資料不足以當推薦函。」你的反應是：

【 　】感到不安

【 　】很鎮靜

【 　】說不出話來

【 　】臉紅不好意思

【 　】保持平靜

【 　】不知所措

17、討論會上，大家認為你的論點錯誤，並嘲笑你。你的反應是：

　　【　】臉紅不好意思

　　【　】無所謂

　　【　】很鎮定

　　【　】生氣

　　【　】保持平靜

　　【　】不知所措

18、上司對你的工作不滿，抱怨了幾句。你的反應是：

　　【　】鎮定

　　【　】臉紅不好意思

　　【　】保持平靜

　　【　】感到不安

　　【　】說不出話來

　　【　】無可奈何地笑

評分標準

選A即得1分，選B不得分，把選A的總數加起來，就是測驗的得分。對照下表看看你的壓力抵抗力如何：

14～16歲	17～21歲	22～30歲	31歲以上	對壓力的抵抗力
96～105分	96～105分	100～108分	104～108分	非常強
88～95分	90～97分	88～99分	92～103分	強
73～87分	70～89分	66～87分	70～91分	普通(尚可)
47～72分	50～69分	50～65分	50～69分	普通(稍低)
0～46分	0～49分	0～49分	0～49分	很弱

測試結果

非常強：精神上的壓力抵抗力非常強。只有在事態嚴重時無法保持平靜。一般來説，不知所措的時候不多。

強：同年齡層中，精神上的壓力抵抗力算強。不輕易動搖，即使因手腳不俐落而遭受嘲笑時，也不會失控發脾氣。

普通（尚可）**：**精神上的壓力抵抗力於平均水準中算好。

普通（稍低）**：**精神上的壓力抵抗力於平均水準中稍低。精神一有負擔，往往無法保持鎮定。遭受失敗時，會出現精神失衡、嚴重焦躁不安的情形。

很弱：有不快即感到不安，容易手忙腳亂。希望對一些輕微狀況能以幽默心態面對，並努力保持鎮靜。

你有轉敗為勝的實力嗎？

失敗乃是兵家常事，但有的人從此萎靡不振、銷聲匿跡，而有的人卻重振旗鼓，東山再起，轉敗為勝，你是屬於哪一類型的人呢？做完下面的測試便可得知。

做人實在很辛苦，不時要與各種欲望對抗，下列四種欲念你最無法抵擋的是哪一樣？

□A、食欲

□B、物欲

□C、睡欲

□D、性欲

選擇**A**：

你知道調整自己的重要性，遇到挫折時，你會暫時停下腳步，仔細研究問題的癥結，再另外擬定一套計畫，順便也重整自己的疲憊與低落的身心狀況，等待適當時機，再整裝出發。

選擇**B**：

只要找對目標，走上正確的路，你有很大的希望能夠東山再起。因為人人都可能有挫敗經驗，你對這種結果也能泰然處之，不被擊垮，如果覺得目標物對你而言很重要，你依然會盡全力去爭取。

選擇**C**：

或許你可以找到更好的理由，說服自己往其他方面發展，因為眼前的失敗讓你懷疑自己是否有能力做好這件事，這可能也是你生命的轉機，說不定就換到了適合你的跑道，不過，可惜的是之前努力的心血就白費了。

選擇**D**：

生命中充滿挑戰，對你而言，跌倒表示又有機會步上勝利的階梯，所以你絕對不會被挫折打敗，這反而更激發了你求勝雪恥的決心。耐力是你的優勢，積極的個性則是致勝武器。

你是當老闆的料？
還是天生奴才命！
職場心理測驗告訴你

你的心理承受力高嗎？

　　心理學家們認為，大多數人自以為超高的心理承受力，只不過是一層脆弱的雞蛋殼，只要輕輕一敲就會崩潰。所以，千萬不要盲目地認為自己是位心理超人！以下的小測試能幫你真實分析自己的心理承受能力，清楚自己的EQ極限。扔掉不必要的額外負擔，才更容易做一個快樂的人。

1、公司的同事不打招呼就來到你家的樓下，打電話說要上來玩，你會怎麼辦？

□ A、非常生氣，居然有這麼不懂得尊重別人隱私的人，想辦法拒絕掉

□ B、沒辦法，讓他們上來了，可是心裡還是很不愉快

□ C、很開心地歡迎他們上來

2、如果你需要換一個新髮型，你一般會考慮怎樣的美髮沙龍呢？

　　□ A、先讓同事或朋友介紹一個美髮店，要有50%的把握你才會去做髮型

　　□ B、找一個比較有名的美髮店

　　□ C、看心情，說不定哪天下班就隨便走進一家了

3、你的童年是什麼樣子的呢？

　　□ A、在父母的寵愛下度過的

　　□ B、在相當孤獨的情況之下度過的

　　□ C、我和父母的情感比較一般

4、最近幾次遇到不愉快的事時，你的情況都是怎麼樣的？

　　□ A、我完全是走霉運，壞事不斷，一次比一次感到苦惱

　　□ B、努力支撐，壞到極點總也有轉捩點吧

　　□ C、有些不開心，但很快能堅持過去

5、在名品店購物時，銷售小姐對你愛理不理，你會？

　　□ A、找店經理投訴，一定要逼銷售小姐道歉才行

　　□ B、非常不爽，對她冷嘲熱諷，而且要朋友都不
　　　　　要到那裡買東西

　　□ C、一笑而過，何必和她們一般見識

**6、你週末在家休息，可是樓上正在裝修，電鑽聲響個
不停，你會怎樣？**

　　□ A、煩躁不安，立刻到樓上找人理論

　　□ B、自己抱怨兩句，然後繼續做自己的事情

　　□ C、什麼也不說，假裝沒聽見

7、你覺得下面哪一條是上司對你最貼切的評價？

　　□ A、責任心超強，對沒有完成的重要事情，你會
　　　　　吃不下飯睡不好覺

　　□ B、懂得顧全大局，善於團結大家的力量

　　□ C、能力一流，最擅長開拓陷入困境的市場

8、你的身體情況如何呢？

□ A、只要感冒一流行，你就會被感染

□ B、心情不好的時候，身體就會變得很差

□ C、每年生一兩次病是常事

9、下面哪一種情況，更符合你在公司裡的處境？

□ A、要你和性情不同的人一起工作，簡直活受罪

□ B、我對新來的人總是有防備之心

□ C、大家都認為我很有團隊精神

10、和老公一起看電視，轉台時看到很討厭的歌手在唱歌，可是老公卻表現得很有興趣的樣子，你會？

□ A、看不下去，讓他一定換台

□ B、用別的辦法讓他轉檯

□ C、不說什麼，反正待會那個歌手也要下場了

11、睡不著的時候，你的一般選擇是：

□ A、服用安眠藥物，總之要讓自己睡著

□ B、動用數綿羊大法

□ C、睡不著就睡不著，起來上網或看電視劇都好

12、每到一個新地方，你是否常常會出些問題，如吃不下飯、睡不著覺、拉肚子、頭暈等毛病？

　　□A、是的
　　□B、不是

13、看到蒼蠅、蟑螂等討厭的東西，你感到害怕？

　　□A、是的
　　□B、不是

14、看完驚險片很長一段時間內，你一直覺得心有餘悸？

　　□A、是的
　　□B、不是

15、在人多的場合或陌生人面前說話，你是否感到窘迫？

　　□A、是的
　　□B、不是

16、當你漏搭電梯而需要爬樓梯時，會感到非常沮喪？

　　□A、是的

□ B、不是

17、晚睡兩個小時，會使你第二天明顯精神不振？

　　□ A、是的

　　□ B、不是

18、你常常因為想心事而躺在床上久久不能入睡？

　　□ A、是的

　　□ B、不是

19、你常常覺得生活很累？

　　□ A、是的

　　□ B、不是

20、你很偏食？

　　□ A、是的

　　□ B、不是

21、當你與某位友人鬧意見後，你一直無法消除相處時

的尷尬？

　　□A、是的

　　□B、不是

22、你與情人或伴侶發生不愉快時，是否曾想離家出
　　走？

　　□A、是的

　　□B、不是

23、你在書上或報紙上看到一些疾病的症狀的時候，總
　　覺得和自己的現狀非常相像？

　　□A、是的

　　□B、不是

評分
標準

　　1～11題選擇A得0分，選擇B得1分，選擇C得2分。

　　12～23題，選擇A得0分，選擇B得2分。

測試結果

0～15分：你的心理承受力較弱，經不起突如其來的變故，這可能和你一帆風順的經歷有關。你心靈脆弱，經受不住刺激，更經不起意外打擊，即使稍不遂意也使你寢食不安，這是你一大弱點。建議你主動擴大心理承受面，愉快接受生活挑戰。同時也要少想個人得失，因為應付困難的能力說到底是對個人利益損失的承受力。

16分～25分：你的心理承受力一般。在通常情況下不會有什麼問題，但在大的變故面前就會有些麻煩。千萬別以為自己是可以承受一切的超人，把所有問題都自己扛，事實上，你只是習慣於承受壓力，但卻並沒有真正學會如何去消除緊張。最佳的辦法還是多學習自我放鬆之術，適量減少自己的各項事務，重新獲取生活的平衡。

26～46分：真不簡單，你的心靈和自己認為的一樣強壯！像你這樣的人，敢於迎接命運的挑戰，而且有不平凡的經歷，能面對現實，對來自生活的衝擊波也可以應付自如，隨遇而安。不過還是建議你別讓自己太累太急，多點時間放鬆才是保證你每天都有好狀態的秘方！

你有一顆堅韌執著的心嗎？

　　「世上無難事，只怕有心人」，任何工作要做出成績，都需要堅持不懈的努力，朝三暮四，淺嘗輒止，半途而廢，終將一事無成。本問卷用於測試你的堅韌執著度，共15道題，請如實作答。

1、你能排隊很久，只為了等候一場嚮往已久的電影嗎？

□A、是

□B、不確定

□C、否

2、你有足夠的耐心，訓練自己成為一名高爾夫或網球高手嗎？

□A、是

□B、不確定

□C、否

3、假如餐廳前大排長龍,你會去別處用餐嗎?

　　□ A、是

　　□ B、不確定

　　□ C、否

4、假如你想打電話卻數次未通,你會放棄嗎?

　　□ A、是

　　□ B、不確定

　　□ C、否

5、即使對自己喜歡的事,也難堅持數年如一日不中斷?

　　□ A、是

　　□ B、不確定

　　□ C、否

6、辯論中,你是否一定要說最後一句話?

　　□ A、是

　　□ B、不確定

　　□ C、否

7、你能獨自一人幾小時玩填字遊戲嗎？

☐ A、是

☐ B、不確定

☐ C、否

8、你是否被別人說成是頑固不化？

☐ A、是

☐ B、不確定

☐ C、否

9、你想買一件東西，跑了數家店都沒買到，僅剩很遠一家未去過的店，你還會去嗎？

☐ A、是

☐ B、不確定

☐ C、否

10、你遇到困難而煩瑣的事情時，會不耐煩嗎？

☐ A、是

☐ B、不確定

□C、否

11、人們認為你的觀點常常是很容易改變的？

　　□A、是

　　□B、不確定

　　□C、否

12、你已花費很多心血的事情卻在臨近結束時前功盡棄，你還會從頭開始嗎？

　　□A、是

　　□B、不確定

　　□C、否

13、假如你想邀請別人一起出門而遭謝絕，你是否會一再堅持？

　　□A、是

　　□B、不確定

　　□C、否

14、假如某項考試你連續考了兩次都沒有通過,你是否
　會放棄不再考下去?
　　□A、是
　　□B、不確定
　　□C、否

15、你是否有耐心花一整天時間,修理一件物品?
　　□A、是
　　□B、不確定
　　□C、否

評分標準

題號	1	2	3	4	5	6	7	8	9	10
A	5	5	1	1	1	5	5	5	5	1
B	3	3	3	3	3	3	3	3	3	3
C	1	1	5	5	5	1	1	1	1	5

題號	11	12	13	14	15
A	1	5	5	1	5
B	3	3	3	3	3
C	5	1	1	5	1

15~30分：

你不夠堅韌執著。你的耐心有限，常常因為種種原因而改變自己的初衷，善於聽取大家的意見，並做出相應的選擇。你也許能很快地找到一條最便捷、損失最小的解決途徑。但有時，由於你的這種性格，會給人一種沒有主見的感覺。其實，自己認為正確的事，一定要堅持下去，千萬不要動搖！

31~60分：

你常在堅持與妥協之間尋求平衡。當意識到自己無法堅持到底，不可能再有轉機的情況下，你會聽取周遭人的意見，選擇更實際的路去走。這並不意味著降低你的個人標準，而是說明你很靈活、懂得變通。

61~75分：

你堅韌執著，有很好的耐心，一旦下定決心便很難動搖。在工作上，你是個埋頭苦幹的人，有自己的想法，並會為此持之以恆。但在現實的生活、工作中，你可以表現出專橫、固執，你應該學會聽取別人的意見，謙虛謹慎一些，這對你的人生是很有幫助的。

你的壓力來自何處？

你是否經常有累的感覺，是否覺得生活中總是有什麼壓得你喘不過氣來？做完下面的測試就知道了。

你在美術館中欣賞展覽，忽然有幅畫吸引了你的目光，你覺得這是幅怎樣的畫？

□A、風景畫

□B、人物畫

□C、靜物畫

□D、裸體畫

□E、抽象畫

□F、水墨畫

選**A**：

你正承受著人際關係的壓力，想從紛紛擾擾中尋求解脫。

選**B**：

你覺得自己的朋友太少，想找一個能夠傾訴心事的知己。

選**C**：

你非常忙碌，覺得壓力很大。

選**D**：

你覺得生活枯燥無味，想要尋求一些新鮮、刺激的事物。

選**E**：

你很排斥社會的規範和禮教，想要照自己的想法做事。

選**F**：

現代化的社會使你感到莫名其妙的壓力，你很想離群獨居。

你容易被挫折打敗嗎？

　　挫折感是一種普遍存在的社會心理現象。從廣義上來説，它是一種消極的情緒反應，是在個人和團體的需要和動機不能獲得滿足時產生的。透過以下測試，你可以瞭解你對挫折的應付能力。請做出最適合你的選擇。

1、面臨問題時，你會：

□ A、知難而進

□ B、找人幫助

□ C、放棄目標

2、你對自己才華和能力的自信程度如何？

□ A、十分有自信

□ B、比較有自信

□ C、不太有自信

3、每次遇到挫折，你都能：

☐ A、大部分都能自己解決

☐ B、有一部分能解決

☐ C、大部分解決不了

4、在過去的一年中，你遭受幾次挫折：

☐ A、0～2次

☐ B、3～5次

☐ C、5次以上

5、碰到難題時，你：

☐ A、失去自信

☐ B、為解決問題而動腦筋

☐ C、介於A、B之間

6、產生自卑感時，你：

☐ A、不想再做工作

☐ B、立即振奮精神做工作

☐ C、介於A、B之間

你是**當老闆**的料?
還是天生**奴才命**!
職場心理測驗告訴你

7、困難落到自己頭上時,你:

　　□A、厭惡至極

　　□B、認為是個鍛鍊

　　□C、介於A、B之間

8、碰到討厭的對手時,你:

　　□A、無法應付

　　□B、應付自如

　　□C、介於A、B之間

9、工作中感到疲勞時:

　　□A、總是想著疲勞,腦子更累了

　　□B、休息一段時間,就忘了疲勞

　　□C、介於A、B之間

10、有非常令人擔心的事時,你:

　　□A、無法工作

　　□B、工作照樣不誤

　　□C、介於A、B之間

11、工作進展緩慢時，你：

□A、焦躁萬分

□B、冷靜地想辦法

□C、介於A、B之間

12、面臨失敗，你：

□A、 即使有錯誤也不改變做法

□B、 使失敗轉化為成功

□C、介於A、B之間

13、工作條件惡劣時，你：

□A、無法做好工作

□B、能克服困難做好工作

□C、介於A、B之間

14、上級給了你很難完成的任務時，你會：

□A、頂回去了事

□B、千方百計做好

□C、介於A、B之間

評分標準

1～4題，選擇A、B、C分別得2、1、0分。

5～14題，選擇A、B、C分別得0、2、1分。

測試結果

0～8分：

說明你的抗挫折能力很弱。

9～18分：

說明你雖有一定的抗挫折能力，但對某些挫折的抵抗力薄弱。

19～28分：

說明你的抗挫折能力很強。

面對尷尬，你如何應對？

生活中，我們難免會遇到某些令人尷尬的場合，例如，宴席上朋友向你敬酒，而你不會喝酒，或者是已經快喝醉不能再喝了。在諸如此類的情形下，你會怎樣去應付呢？

請仔細閱讀以下八道測試題，它們各有A、B、C三種答案，每題只能選擇一個。如果題中所描述的情況對你來說尚未發生過，則按假設你遇到那些問題時可能的做法去選擇。

1、獨自一人被關在電梯內出不來，你會：
□A、臉色發白，恐慌不安
□B、耐心地等待救援
□C、想方設法自己出去

2、假設你從國外回來，行李中攜帶超過規定的菸酒數量，海關人員要求打開手提箱檢查，這時你會：
□A、感到害怕，兩手發抖

□ B、泰然自若，聽憑檢查

□ C、與海關人員爭辯，拒絕檢查

3、有人像老朋友似的向你打招呼，但你一點也記不起他（她）是誰，此時你會：

□ A、裝作沒聽見似的不答理

□ B、直率地承認自己記不起來了

□ C、朝他（她）看著，不說話

4、你在餐館剛用過餐，服務生來結帳，你忽然發現身上帶的錢不夠，此刻，你會：

□ A、感到很窘迫，臉發紅

□ B、自嘲一下，馬上對服務生實話實說

□ C、在身上東摸西摸，拖延時間

5、你從超市裡走出來，忽然想到你手上拿著忘記付款的商品，此時一個很像保全人員的人朝你走過來，你會：

□ A、心怦怦跳，驚慌失措

□B、誠實、友好地主動向他解釋

□C、迅速回轉身去補付款

6、在朋友的婚禮上，你未料到會被邀發言，在毫無準備的情況下，你會：

□A、雙手發抖，結結巴巴的說不出話來

□B、感到很榮幸，簡短地講了幾句

□C、很平淡地謝絕了

7、你騎車闖紅燈，被員警叫住，員警知道你急著要趕路，卻故意拖延時間，這時你會：

□A、急得滿頭大汗，不知怎麼辦才好

□B、十分友好、平靜地向員警道歉

□C、聽之任之，不做任何解釋

8、假如你搭火車逃票，被人查到，你的反應是：

□A、冷靜對待，不慌不忙，接受處理

□B、尷尬，覺得無地自容

□C、強作微笑，以表歉意

你是**當老闆**的料？
還是**天生奴才命**！
職場心理測驗告訴你

評分標準

題號	1	2	3	4	5	6	7	8
A	0	1	1	0	0	0	0	5
B	3	5	5	5	5	5	5	0
C	5	0	0	1	3	2	2	3

測試結果

0～15分：你的心理素質比較差，面對尷尬很容易失去心理平衡，變得窘迫不安，甚至驚慌失措，情緒波動明顯，面臨問題往往不能冷靜處理。應該多向別人學習靈活應付複雜情況的能力。

16～30分：你的性情還算比較沉穩，遇到尷尬的事一般不會十分驚慌，但有時往往採取消極應付的態度，有迴避矛盾、逃避現實的傾向，同時不夠果斷和獨立。

31～40分：你的心理素質良好，幾乎沒有令你感到手足無措的事，儘管你偶爾也會處置失當，但整體來說，你的尷尬應變能力很不錯，是一個能經常保持鎮靜、從容不迫的人，善解人意，通情達理，總能從實際情況出發做出選擇。

你有多強的社會適應能力？

社會適應是指個體逐步接受現實社會的生活方式、道德規範和行為準則的過程。它對個體生活具有重要意義。我們身處的大千世界充滿變化，在很多時候，多數人並沒有能力改變所處的環境，只能在一定程度上改變自己，讓自己更加適應外部世界，可是「江山易改，本性難移」。改變，你能做到嗎？

此項測試有20道題，每題有5個備選答案，每題只能選一個答案。請在10分鐘之內完成。A是與自己的情況完全相符；B是與自己的情況基本相符；C是難以回答；D是不太符合自己的情況；E完全不符合自己的情況。

1、在許多不認識的人面前公開出現，我總是感到臉紅、心跳。

2、能和大家相處融洽對我是很重要的，為此我經常放棄真實的想法，以便與多數人保持一致。

3、只要檢查身體，我的心臟總是跳得很快，可我在日
常生活中並不總是這樣。

4、哪怕是在環境很熱鬧的大街上，我也能全神貫注地
看書、學習。

5、參加某些競賽活動時，周圍的人越熱情我就越緊張。

6、越是重大考試成績越好，例如升學考試成績就比平
時高許多。

7、如果讓我在沒別人打擾的空房子裡進行一項很重要
的工作，那我的工作成效一定很好。

8、不管面臨多麼緊張的情形，我都能毫不緊張、自如
應對。

9、哪怕是已經倒背如流的公式，老師提問時也會忘掉。

10、在大會發言時，我總會贏得最多的掌聲。

11、在與他人討論問題時，我經常不能及時找到反擊的
語言。

12、我很願意和剛見面的人很隨意地聊天、說笑。

13、如果家中來了客人，只要不是找我的，我總是想辦
法避開，不與之打招呼。

14、即使在深夜，我也從不怕一個人走山路。

15、我一直喜歡自己完成工作任務，不願與人合作。

16、我可以沒有任何不滿和抱怨地通宵工作，只要有這種安排。

17、我對季節變化比別人敏感，總是冬怕冷夏怕熱。

18、在任何公開發言的場合，我都能很好地發揮。

19、每當自己的生活環境發生變化，我總是感到身體不適，生些小病，如發燒、咳嗽等。

20、到一個新的環境工作、生活時，周圍再大的變化對我也不會有影響。

評分標準

　　題號為單數的題目計分標準為：A計1分；B計2分；C計3分；D計4分；E計5分。

　　題號為雙數的題目計分標準為：A計5分；B計4分；C計3分；D計2分；E計1分。

　　將各項得分相加，即為該測試總得分。

測試結果

20～51分：

你的社會適應能力很差，不太適應現在的生活節奏和周圍環境的變化，對於改變，你總是充滿恐慌，缺乏主動適應環境的積極性。

52～68分：

你的適應能力一般，還有待提高，你完全有能力以更高的熱情、更積極的態度主動適應身邊的人和事。

69～100分：

你有很強的適應能力，無論是自然界的變化，還是地域、環境的變遷，你都能自如應對。

你的獨立性強嗎？

　　獨立還是依賴是衡量一個人個性心理特徵的一對重要尺規，獨立性強的人，自己做出判斷，獨立完成自己的工作；而依賴性強的人則處處尋求幫助。

　　在日常的生活、工作中，如果遇到困難，你是會毫不猶豫地請他人幫忙，還是打腫臉充胖子，自己解決？你的獨立性怎麼樣呢？透過下面的測試，你會找到答案的。

　　你在遭遇困難時，會不會找朋友幫忙？

□ A、先自己解決，如果沒有必要，不會去找朋友幫忙

□ B、先找朋友解決，如真沒辦法，再自己想辦法

□ C、不管困難多小，一開始就找朋友幫忙，免得自己把事情搞砸

□ D、不管多困難，死都不找朋友幫忙

你是當老闆的料？
還是天生奴才命！
職場心理測驗告訴你

選A：

　　你是個獨立性很強的人，遇到困難都先自己來，想辦法試試看，真的不行，也不會外行充內行，會找一些救兵來幫忙。

　　你這樣的心態從人際關係上來說，可以有個合理的求救動機，一般人聽到你是真的做不來，幫你的意願會比較強，而且在事後，你的尊嚴和對方的感覺也會比較平衡。因為，一來對方在你真的做不來時，才來幫忙可顯示出他的重要性；二來對方在心裡也會覺得你這個人很獨立，但又不孤僻，是個很好相處的對象。如此一來，你的人際關係又有了進展，不管在廣度或深度方面，都會有很好的成績。

選B：

　　你是個很聰明、很會利用朋友資源的人，這樣可以縮短你和朋友之間的距離，又可以節省自己的體力和精神。這一招通常是女孩子用才有效，而男孩子用這招，就會給別人一種一無是處，甚至是一點男子氣概都沒有的印象。不然，你先承認自己是一個很沒用的男人，實在是不會解決這些問題，別人才會以同情的心態來幫你。

基本上，你這種心態還不會令朋友非常反感，不過你一定要會選人，如果你選了幫人意願不強的人，你就只好自己解決了。

選C：

你會如此地依賴朋友，可能不是因為你的能力不足，而是你在暗示自己：我是做不到的！這種自我設限的暗示，可能是來自於你的自卑感，或許你曾經受過很大的挫折，或許你是太好面子，心中壓力太大，以至於不敢輕易嘗試著去解決問題。

如果你不能打開這種心結，拼命地依賴別人，到頭來會造成惡性循環，一來使你的依賴性更大，二來你會逼走朋友。一旦你再也沒有依靠，你可能要費很大力氣才能從地上爬起來，萬一你爬不起來，就會很慘了。因此，奉勸你趕快自立自強，免得摔一跤就爬不起來了。

選D：

你是個死要面子的人，最主要的是你心中有自卑感在作祟。你總認為讓人來幫助你是在貶低你的價值，這不僅傷了你的自尊，也破壞了你的形象，影響到別人對你的看法，因此，你寧願把自己搞得很狼狽，讓自己下不了臺，也不願請人幫忙。你這樣

的個性，除了得不到朋友的諒解外，也會讓人覺得你是一個很沒有人情味的人，不太想跟你接近；另外，想要幫助你又碰了一鼻子灰的人，也會覺得你太見外了，根本沒把他當朋友，也會漸漸地和你疏遠。所以，死撐對你是沒有好處的，人就是因為本身有缺陷才會有互助互信的動機，如果你否定了這項功能，你就註定要孤獨一生了。

金錢對你有多大誘惑？

有句説的好：「錢不是萬能，而沒有錢就萬萬不能。」，是的，金錢對於我們來說是很重要的，因為沒有金錢就會寸步難行，它給我們帶來的實在太多：品質、時尚的生活，榮耀體面的面子等。任何事情都有兩面的，而金錢也不例外。因為過度的金錢欲望會扭曲一個人的心靈，會帶來更多的痛苦。

金錢對你有多大的誘惑？你會視金錢為你的全部嗎？做完下面的測試就知道答案了。

如果你參加一場宴會，當服務生端著果汁給你，而托盤裡的杯子有著不同分量的果汁，你會選擇哪一杯？

□ A、空杯，正準備要倒入
□ B、半杯
□ C、七分滿
□ D、全滿

測試結果

選擇**A**的人：

你是一個對金錢欲望非常強的人，但是你卻常常搞不清楚你到底有多少錢，所以你是一個很會賺錢的窮人。

選擇**B**的人：

你是一個做事非常謹慎的人，所以對金錢的處理也是同樣的謹慎，因此你是一個對錢欲望不強的人。

選擇**C**的人：

你是一個凡事都會留後路的人，自制能力很強，且不會輕易進行危險的金錢交易，所以你是一個對金錢欲望強烈也善於支配的人。

選擇**D**的人：

你是一個非常貪婪的人，對於所有的東西都想盡收囊中，對金錢的貪婪極強，欲望也極強。

你是不是理財高手？

理財並不是一件困難的事情，而且成功理財還能為你創造更多的財富。如果你不學習理財，終將面臨山窮水盡的窘境。

回答下面15個問題，算算你的得分，你就知道自己是不是理財高手了。

1、你是否對自己的消費支出做事先的規劃？

□ A、不會

□ B、有時候

□ C、經常

2、你會預留資金作為應急用嗎？

□ A、不會

□ B、有考慮

□ C、會

3、在朋友的眼中,你是怎樣的一個人?

　　□A、對錢沒有概念,花錢隨意

　　□B、有時候會去揮霍一下

　　□C、花錢謹慎,精打細算

4、你知道現在自己銀行戶頭的存款數嗎?

　　□A、不知道

　　□B、大約知道

　　□C、知道

5、你經常存款嗎?

　　□A、不經常

　　□B、有時候

　　□C、經常

6、到了月底,你會發現:

　　□A、口袋空空,不知道錢花哪兒去了

　　□B、有時候能從眾多花費中省出一部分累積存款

　　□C、每月固定存一部分

7、你有借貸需要時，你會：

☐ A、直接和自己的往來銀行洽談

☐ B、向朋友徵詢意見

☐ C、比較利率及循環期，選擇最佳管道

8、你知道目前積壓的信用卡帳款數嗎？

☐ A、不知道

☐ B、大約知道

☐ C、很清楚

9、你的信用卡帳款：

☐ A、一直在累計欠款中

☐ B、有時會出現循環利息，下個月注意補上

☐ C、通常會逐步增多

10、當你使用信用卡時，你會：

☐ A、購買價格高的產品，很少考慮卡上是否有錢

☐ B、與現金購物比較，心情放鬆多了

☐ C、與用現金購物一樣謹慎考慮

你是**當老闆**的料?
還是天生**奴才命**！
職場心理測驗告訴你

11、你是否曾使用信用卡超過信用額度？

☐ A、常常如此

☐ B、有時候

☐ C、不曾有過

12、當一件商品十分吸引你的目光時，你會：

☐ A、毫不猶豫地買下來

☐ B、考慮之後還是買了下來

☐ C、仔細盤算是否應該買下

13、當你計畫購買價格較高的產品時，如電視機、冰箱等，你是否貨比三家？

☐ A、不會

☐ B、有時候

☐ C、通常如此

14、當你計畫一個假期時：

☐ A、在帳單結算時，總超過自己的預算

☐ B、允許自己享受一下豪華假期

□C、會事先制定預算，在計畫內消費

15、在度假時，你是否曾有過花費超過預算的情形？
　　□A、常常如此
　　□B、有時如此
　　□C、不會

評分標準

　　統計上述問題的答案，選A得1分，選B得2分，選C得3分，最後計算總分。

你是**當老闆**的料？
還是天生**奴才命**！
職場心理測驗告訴你

測試結果

15～25分：

說明你是一個採購狂，應儘快開始制訂花錢計畫，聰明地選擇消費方式和理財方式。

26～35分：

說明你做得還不錯，將自己的銀行存款保持在最佳平衡狀態，只是還未發現某些更高明的理財手段。建議你審視一下自己的理財規劃，並試試更大膽的決策。

36～45分：

說明你是一個十足的理財高手，善於掌握財務風險，並能運用財務槓桿為自己創造財富。

財神何時才會找上你？

儘管金錢不是衡量一個人成功與否的唯一標準，但在現今社會中，成功人士的口袋中缺錢的為數不多，也就是說，有錢在一定程度上已經與有作為畫上了等號。也許你目前正處於鍛鍊自我、提高能力的階段，雖有壯志，卻無錢財，那你也不必著急嘛！只要你掌握了累積財富的方法，何愁不發財呢？

先做個測試吧！每題共有三個選項A、是；B、不知道；C、否，選擇適合你的一項。

1、你經常買樂透彩嗎？

2、喜歡吃甜食嗎？

3、喜歡打麻將嗎？

4、喜歡說些令人吃驚的話嗎？

5、你的體重適中嗎？

6、你常去商店買打折的物品嗎？

你是**當老闆**的料？
還是天生**奴才命**！
職場心理測驗告訴你

7、小時候你擁有許多玩具嗎？

8、你的親友有人經商嗎？

9、看到想要的東西一定要得到嗎？

10、喜歡追逐時尚嗎？

11、能獨自一人完成一項任務嗎？

12、從小到大從未缺過錢嗎？

13、銀行有自己的戶頭嗎？

14、很少借錢給別人嗎？

15、覺得自己很聰明嗎？

16、會同意分期付款的方式買房、買車嗎？

17、每月都有儲蓄嗎？

18、願意為了大局而犧牲小的利益嗎？

19、會在公共場合撿起一角錢嗎？

20、從沒做過丟錢或被搶劫的夢嗎？

評分標準

選A得3分，選B得2分，選C得1分，最後計算總分。

0～20分：花錢如流水型

你的一生不會有太多的儲蓄。不是不能賺錢，而是不能存錢，「得過且過」、「今朝有酒今朝醉」這種觀念根深蒂固，只圖眼前的享受，不為以後著想，絲毫沒有儲蓄的念頭。

計畫用錢，減少開支，對你而言是件痛苦的事；用錢大方，大量送禮贈物，這樣會讓你覺得很開心。你很少考慮自己，常為了別人而大肆揮霍來滿足自己的虛榮心。不過你確有賺錢的能力，跟用錢一樣，能大量用錢也能大量賺錢，換句話說，你是屬於高收入、高支出的類型。吃、喝、玩、樂不愁沒錢，也不會陷於拮据，25歲到35歲間，賺錢、花錢最為顯著，這時候若能好好存錢，不過分揮霍，應該會有安適的晚年生活。

這類人有賺錢的本領，若能牢記節儉的原則，也可成為一方首富。

21～30分：老來有財運型

你小時候可能非常缺錢用，連零花錢也是少之又少，不過隨著年齡的增加，在20歲、30歲以後，你也越能賺錢，而且你本身又不太浪費，也不隨便向人借錢。對於錢財，你懂得謹慎使

用，參加投資事業首先考慮的就是不動產股份公司、儲蓄銀行等事業，對於可獲大利潤但容易招致大虧空的投機業、賭博業，你不屑一顧，沒有絲毫興趣。

不過你必須按部就班，腳踏實地去賺錢、存錢，相信你會有比普通人多存好幾倍的機會。如果你賺錢後就急著去揮霍就不可能成為大富翁。40歲左右是這類人賺錢的大好時機，投資金屬、寶石、土地和不動產等，甚至獨自經商，都是賺大錢的良機，成為億萬富翁也有可能；結婚時應該慎選配偶，善於管財的才是你的好物件，並因此可以脫離貧困的窘境。即使喪失了這些良機，成不了億萬富翁，你也能成為小財主，過著舒適、不愁物質享受的晚年。

31～44分：缺乏財運型

因為目前的你缺乏財運，自小就沒有財神爺光顧，心中最好不要存有賺大錢的念頭，也不能從事投機事業，否則不但賺不到錢，反而會吃不了兜著走的。

年輕時沒有財運，財神爺久久沒有降臨，從孩提時代起就缺乏對金錢的重視，袋子裡或錢包裡從沒有數目可觀的餘錢，可以說是兩手空空、家徒四壁的人。大約二十七八歲才會有金錢，生

活上不再有愁錢的困境，但一接近30歲就會再度面臨缺錢的困境，也不可能得到雙親的接濟。

這類人的財運用在30歲到40歲之間最為重要，這時期一旦不能把握，過了50歲，想賺錢就更難了，反會為此受自己兒女或家人的怨恨，敬而遠之，因而易晚年孤獨。所以你一生中存錢的唯一良方就是節儉，盡可能存錢，盡可能有計劃用錢，絲毫也不能浪費。在通貨膨脹時期賺了錢，與其儲蓄不如購置不動產來求穩固。社會變動激烈或經濟混亂，最能發揮你賺錢的本領，孜孜不倦地賺錢，該用則用，該省則省，因此而能擁有幾百萬元的人也為數不少。這種存錢的方式雖有些辛苦，不過你的一生會很平安。

45～60分：財運滾滾型

不會滿足於平凡的生活，憧憬飛黃騰達。雖有過分的欲望，可是不會招致嚴重的不幸。你是財運高照的類型，抱著與其孜孜不倦地賺錢、存錢，不如意外發大財的想法，在20歲時就會以不動產、遺產、投機事業等走財運。你的性格決定你30歲左右適合自己開工廠、製造商品，而且這種產品是並非一般人所能注意到的，由於沒有競爭者，因此大賺其錢。女孩子也跟男孩子一

樣，能經營商業致富，婚後丈夫也可成巨富。這時期正是財運高照的時候，要是有更高明的手腕，成為巨富並非不可能。

　　這種在不知不覺間致富的機會，換作他人，反是一大風險。不過你在30歲左右所賺的錢，也容易大量花費在異性身上，但也不會為此而弄得人財兩空。你一缺錢，就會設法賺錢，到50歲時財神爺再度降臨，做任何事都能一帆風順，生活上不會有拮据的困境。過了60歲，花掉的金錢雖想再賺回來，但已身不由己了，所以要為你的晚年生活留條後路喲。

你的財商能力高嗎？

財商是管理財富的智慧和能力，擁有足夠的財商，就像抓住了財富的手，你練就了一雙抓住財富的手嗎？

根據自己的具體情況，做下面的題。

1、你認為自己具備百萬富翁的氣質嗎？

☐A、不具備

☐B、具備一部分

☐C、完全具備

2、你會為了財富去冒險嗎？

☐A、不會

☐B、不能確定

☐C、會

你是當老闆的料？還是天生奴才命！

職場心理測驗告訴你

3、你會為自己沒有錢而感到焦慮嗎？

□A、不會

□B、有一點

□C、會

4、你認為你的溝通能力強嗎？

□A、不強

□B、和正常人一樣

□C、很強

5、你對任何事情都能做出正確決策嗎？

□A、不能

□B、有時能

□C、完全能

6、你對目前的工作滿意嗎？

□A、不滿意

□B、還行

□C、十分滿意

7、你目前是否具備可以取得事業成功的能力？

　　□A、沒有

　　□B、還差一點

　　□C、完全有

8、你認為你的管理能力怎麼樣？

　　□A、很差

　　□B、一般

　　□C、很強

9、你懂得炒股的知識和技巧嗎？

　　□A、不懂

　　□B、略知一點

　　□C、很懂

10、你會正確處理與上下級之間的關係嗎？

　　□A、不會

　　□B、還行

　　□C、特別會

11、你認為你的創富潛質怎麼樣?

- □A、很低
- □B、一般
- □C、很高

12、你具備一個企業領導者或管理者的素質嗎?

- □A、不具備
- □B、具備一些
- □C、完全具備

13、你有怎樣的克制力?

- □A、很差
- □B、還行
- □C、很強

14、你的經商智能如何?

- □A、低
- □B、和普通人一樣
- □C、很高

15、你認為你有堅強的意志力嗎？
- □A、沒有
- □B、分情況
- □C、有

16、你對金錢的管理能力如何？
- □A、不會
- □B、還行
- □C、很會

17、你認為你的財富素質高嗎？
- □A、很低
- □B、一般
- □C、很高

18、你具備百萬富翁的形象素質嗎？
- □A、不具備
- □B、具備一部分
- □C、完全具備

你是當老闆的料？
還是天生奴才命！
職場心理測驗告訴你

19、你具備和別人競爭的實力嗎？

　　□A、不具備

　　□B、具備一部分

　　□C、完全具備

20、你的創新能力如何？

　　□A、很低

　　□B、和普通人一樣

　　□C、很強

21、你有信心將來能取得很高的成就嗎？

　　□A、不會

　　□B、不知道

　　□C、會

22、你做任何事都雷厲風行嗎？

　　□A、不會

　　□B、看情況

　　□C、會

23、你做任何事都是為了錢嗎？

☐ A、不是

☐ B、有時候是

☐ C、完全是

24、你對有錢的人懷有嫉妒之心嗎？

☐ A、不會

☐ B、有一點

☐ C、會

25、你認為你的能力傾向於哪一方面？

☐ A、一般工作

☐ B、研究性工作

☐ C、創造性工作

26、你十分瞭解金融辭彙嗎？

☐ A、不瞭解

☐ B、瞭解一些

☐ C、完全瞭解

27、你對財富有恐懼心理嗎？

☐A、有

☐B、和普通人一樣

☐C、沒有

28、你充分利用了你的大腦嗎？

☐A、沒有

☐B、還差一點

☐C、十分充分

29、你具備領袖素質嗎？

☐A、不具備

☐B、具備一些

☐C、完全具備

30、你認為自己的應變力強嗎？

☐A、不強

☐B、和正常人一樣

☐C、很強

答A得2分，答B得3分，答C得4分。

100～120分：

你的財商很高，你現在要做的就是付諸行動，去創造更多的財富。

80～99分：

你的財商還處於普通人的水準，要想比別人有更多的財富，你首先必須提高你的財商，因此，你現在還要努力提高自己。

80分以下：

你的財商比較低，現在的你或許還比較貧窮，並且對自己沒有信心，但是，你要知道，只有努力才能創造財富，你必須從各方面都努力提高自己。

是什麼阻礙了你發財致富?

　　據統計,世界上95%的財富掌握在5%的富人手中。如果把這些錢平均分給每一個人的話,那麼,5年之內,它們還會流入富人的口袋。為什麼會出現這種現象呢?阻礙你發財致富的因素是什麼呢?想知道答案就做做下面的測試吧!

　　夜深人靜,寒風凜冽。這一夜,你剛和戀人分手,再加上工作不甚如意,彷彿一切不幸都降臨到你身上。你無奈地走到公園呆坐,但有一些不大順眼的事(人)物出現在眼前,使你更添惆悵。假如以下四項中的一項可以從你的視野中消失,你會選擇哪一項?

> □A、花壇
> □B、鞦韆
> □C、狗
> □D、小男孩

選A：

你是個不易把心事吐露給別人的人，多和別人溝通交流會有助於你發財。

選B：

你是個心直口快的人，想說什麼就說什麼，因此很容易得罪人，這會阻礙你發財。

選C：

你是一個大而化之的人，不會很細心地為別人設想，因此別人會覺得你有點自私，請多體諒別人一點。

選D：

你在別人面前總是隱藏自己的本意，並且太在乎別人對你的看法，請多表現真正的自己。

你有賺大錢的能力嗎？

　　貧窮並不是某些人的專利，誰都可以透過自己的努力，改變貧窮的命運，成為財富擁有者，但是成為富人需要智慧和能力，這種智慧和能力你具備了嗎？

　　下面的問題請用「是」或「否」來回答。

1、在買東西時，會不由自主地算算賣主可能會賺多少錢

2、如果有一個能賺錢的項目，而你又沒有錢，你會借錢投資來做

3、在購買大件商品時，經常會計算成本

4、在與別人討價還價時，會不顧及自己的面子

5、善於應付不測的突發事件

6、願意下海經營而放棄拿固定的工資

7、喜歡閱讀商界人物的經歷

8、對於自己想做的事，就堅持不懈地追求並達到目的

9、除了當前的本職工作，自己還有別的一技之長

10、對於新鮮事物的反應靈敏

11、曾經為自己制訂過賺錢計畫並且實現了這個計畫

12、在生活或工作中敢於冒險

13、在工作中能夠很好地與人合作

14、經常閱讀或收看財經方面的文章

15、在股票上投資並賺錢

16、善於分析形勢或問題

17、喜歡考慮全局與長遠問題

18、在碰到問題時能夠很快地決策

19、經常計畫該如何找機會去賺錢

20、做事最重視的是達成的目標與結果

回答「是」計1分，答「否」計0分，累計得分。

12分以上

得分在12分以上，這意味著你已經具有一定的賺錢的心理基礎了，可能你還具備了較強的賺錢能力，你可以考慮選擇一個項目大膽地去做。

12分以下

得分在12分以下，那麼，你在準備投身於某一個項目之前，不妨再學習或訓練一下自己的賺錢技巧吧。

你能否達成財富的夢想？

成功的前提什麼？是科學合理的目標。沒有目標，只能是茫然不知所終；若是個不切實際的目標，更是要為此付出慘痛的代價。每個人都想成為追求財富的贏家，每個人都希望自己能實現發財夢，可並不是每個人都能順利地實現這個夢，想知道你能否達成財富的夢想嗎？請做下面的測試。

偷窺的經歷每個人都有過。如果有一天，當你走在街上時，發現高高的圍牆上有一個小小的孔洞，你希望從那個洞口看見什麼？

□ A、一對男女
□ B、富麗堂皇的大宅邸
□ C、花園或草坪
□ D、看門狗或警衛

你是**當老闆**的料？
還是天生**奴才命**！

職場心理測驗告訴你

測試結果

選A：你是一個標準的樂觀主義者，因而你一定要仔細審核自己的致富目標是否切合實際，是否是在你的能力範圍之內。

選B：

你是一個金錢的崇拜者，總在憧憬著奢華的生活。你的賺錢目標是客觀的，你總會有辦法達到致富的目標。但告誡你，要為了事業而努力工作，不要只是為了金錢而拼命。

選C：你是一個很現實的人，目標總是很客觀、容易實現。你總是穩紮穩打。如果再多一點衝勁和激情的話，那就更完美了。

選D：怯懦是你給人的第一個感覺，所以做起事來都是謹慎小心，唯恐出錯，適合做與會計有關的工作。不會發大財，原因是你怕冒險，怕錢多了會有新的麻煩，你的生活平穩安寧，你的生活目標很現實。

你創富的欲望有多高？

天上永遠不會掉餡餅，財富永遠不會自己跑進你的錢包裡，信心與欲望的力量可以將人從卑下的底層社會提升到上層社會，使窮漢變成富翁，使失敗者重振雄風……欲望的力量使可能變成現實，在獲取財富的過程中欲望越強烈，成功的可能性就越大。所以，要想實現自己的發財夢必須強化創富的欲望。

錢在當今社會是不可或缺的，沒有錢，寸步難行。你一定無數次地夢見自己的枕邊有黃金萬兩吧！你的黃粱美夢是終將實現呢？還是會被現實擊得粉碎？做個測試看看吧。

一個垂暮的老人獨自站在高樓的窗前眺望窗外繁華的街道，你猜他在看什麼呢？

□ A、停在街道旁的名車
□ B、不停閃爍的紅綠燈
□ C、熱戀中的情侶
□ D、路旁高大茂密的樹

你是**當老闆**的料？
還是天生**奴才命**！
職場心理測驗告訴你

測試結果

選擇Ａ：

財富是你畢生最大的追求。你是一個拜金主義者，總是在憧憬和渴望幸福豪華的生活。你有很好的理財觀念和能力，是個很有辦法的人，為達到致富的目的，甚至不擇手段。

選擇Ｂ：

你很少做關於錢財的白日夢。你是個規規矩矩的人，膽小而懦弱，做事謹慎，絕對不會想到靠賭博或者買彩券一夜暴富。你要發大財很難，但是可以做一些財會工作，在這方面，你的才能和特長就能發揮出來了。你是依靠高薪致富的人，跟你一起生活會穩中有升，倒是個不錯的考慮對象。

選擇Ｃ：

你發財的欲望不是特別強烈，也許只是停留在想想而已的層面上。因為你太樂觀，所以把發財夢想得太簡單，現在你要做的就是把致富的目標定得低一點，切合實際一些。你非常注重人際關係，交了許多朋友，是個標準的樂觀主動的人，性格開朗、坦誠，不發財也不要緊，朋友也是一筆珍貴的財富！

選擇D：

你總把自己的發財夢控制在最近能夠實現的範圍內，所以你很少驚喜也很少失望。你是個很現實的人，總是把目標定得不高不低，容易實現。這種做法是非常可取的。這最根本的原因是你誠實，腳踏實地，不張揚、不武斷，對待上司忠實而認真，是個不錯的副手。

你有天生的富貴命嗎？

財神進家門，擋也擋不住。你是天生的富貴命嗎？完成下面的測試就知道了。如果你是個天生的富貴命，請讓善舉與財富同行，學會追求金錢以外更可貴的東西，與社會共用財富，人生才會更充實，你才會感到真正的富有、快樂

如果你有足夠的錢來裝房子，你會把最多的錢用來裝修房間的哪一處呢？

□A、臥室
□B、客廳
□C、廚房
□D、浴室

測試結果

　　選擇A：你是窮不了的，只是還稱不上是大富翁。你會在與外界的交往上花費不少的錢財。你是個高品味的人，天生上流社會的人物，或許目前你的財務狀況還談不上大富大貴，但是你總是口袋快見底時又剛好有適時的補充。所以不必擔心你的口袋會空，你總有著沒落貴族的氣質。

　　選擇B：你天生有致富的命，可惜不太會把握，回想一下自己花錢的態度，別太注意「表面工夫」，要考慮收支平衡！其實你是財運不差的人，別一直偷懶放棄可以進財的機會。如果總是亂花錢，你的財神爺會生氣的哦。

　　選擇C：你平時總是很大方，你不計較細枝末節，所以看起來像是會成為大富翁的人，但是也許機不逢時，你偏偏註定要為窮所困。你的財運不好，改變一下你的工作態度，也許會有轉機。

　　選擇D：你的財運很好，做什麼工作都賺錢！你看起來實在不像是會成為大富翁的人，但是人不可貌相，你偏偏是最有機會成為大富翁的人，而且註定會有貴人相助。

現在的你想得到什麼?

通常情況下,鑰匙暗示著欲望,尤其是急切的需求。我們採用心理學家做的實驗,透過一把鑰匙來看看你現在想得到什麼。

風和日麗的清晨,你散步經過草地,意外地撿到一把鑰匙,你第一個念頭會認為:

□ A、可以啟動某種運輸工具

□ B、可能受過詛咒不可隨便觸碰

□ C、可以打開一幢沉睡百年的古老巨宅的大門

□ D、可以打開裝滿金銀珠寶的皮箱

測試結果

選A：運輸工具影射的是財務狀況，你的財務情形有逐漸下滑的趨勢，所以你直覺反應是追求財富的滿足。另外，除金錢外令你擔心的問題是，與親密戀人的感情有點讓你煩惱。

選B：你目前追求的是知識上的累積，而且正陷入迷惘。你倔強而不服輸的心理預期，給了你很沉重的壓力，或許做個旁觀者能讓自己放鬆一點！

選C：你目前追求的是神話式的愛情，可能目前正陷於苦戀之中，或徘徊在暗戀的情感旋渦裡，你企圖尋找心靈上強有力的寄託，因為你害怕浪漫的愛情經不起現實的考驗。

選D：你雖然想的是財物，但實際反射出來的卻是「性」。可能是你近日性行為有所不適，或是你壓根兒就排斥「性」這檔事。因此，你最好去請教專家！

怎樣的致富過程最適合你？

　　每個人都有一個致富夢，而致富離不開儲蓄，你想知道自己適合怎樣的致富過程嗎？做個測試，祝大家都能成功賺大錢。

　　請由第一題開始，選出一個適合的答案，再依照提示前往指定題號。

1、請問你是否有戴手錶的習慣？

　有 → 2

　沒有 → 3

2、你是否有隨時照鏡子的習慣？

　有 → 4

　沒有 → 5

3、路上有人要你填調查問卷，你是否會停下腳步？

　　是 → 6

　　否 → 7

4、如果要你戴眼鏡，你會選擇？

　　一般眼鏡→ 8

　　隱形眼鏡→ 9

5、你是否戴眼鏡？

　　是 → 6

　　否 → 7

6、你喜歡穿皮鞋上下班嗎？

　　是 → 8

　　否 → 9

7、你在工作上是否很努力？

　　是 → 9

　　否 → 10

8、你目前是否有感情困擾？

是 → A型

否 → 9

9、你是否有無法掌握時間的困擾？

是 → B型

否 → C型

10、你是否朋友眾多？

是 → D型

否 → E型

A型的人：

你很穩重，雖沒有什麼偏財運，懂得節流是你的優勢。在工作上你也是屬於穩紮穩打型的，不會有什麼大建樹，但能力求不失誤。你是老板眼中盡職盡責的好員工，卻不會是個好老闆。努力工作，做好你分內的事，加上你天生勤儉刻苦的本性，你也可以累積到一筆不小的財富。

B型的人：

你的偏財運不錯，工作上也容易走偏鋒，總想著一夜致富。你的腦筋很靈活，也比別人動得還快，只可惜你大多數想法都過於好高騖遠，只有心動並未行動。不妨大膽去做投資。

C型的人：

你的分析能力很強，也有敏銳的直覺，很容易就掌握市場的脈搏進而創造奇跡。只是你目前可能苦於資訊不足而無法一展才能。你的天賦只有靠你不斷地鍛鍊才可以用上。多涉獵相關的書籍，多請教同業的前輩，等基礎實力足夠又何愁不能平步青雲、一飛沖天？

D型的人：

你本身不喜歡工作，也有點好吃懶做。對工作常缺乏熱忱、提不起勁，生活慵懶，只想過太平安逸的日子。除非你是含著金湯匙出生，一輩子不愁吃穿，否則你的人生只會充滿諸多無奈。想要安逸的日子不是不可以，趁著年輕好好努力，拼命賺錢，你的底子不會比別人差到哪裡去。

E型的人：

你很適合投機炒作。你的資訊來源管道一向暢通，加上你凡事快、狠、准的精確判斷力，不得不承認你很適合短線炒作。你可以投資股票，也可以炒作房地產，多半都能獲得不錯的成績。但是，需要注意的是你的開銷也大，賺的錢不見得能夠承受你的虧損。因此成功致富後別忘了回饋社會，如此才能名利雙收。

TALENT tool

大大的享受拓展視野的好選擇

永續圖書線上購物網
www.foreverbooks.com.tw

謝謝您購買　你是當老闆的料？還是天生奴才命！
職場心理測驗告訴你　這本書！

即日起，詳細填寫本卡各欄，對折免貼郵票寄回，我們每月將抽出一百名回函讀者寄出精美禮物，並享有生日當月購書優惠！

想知道更多更即時的消息，歡迎加入"永續圖書粉絲團"

您也可以利用以下傳真或是掃描圖檔寄回本公司信箱，謝謝。

傳真電話：（02）8647-3660　　　　　信箱：yungjiuh@ms45.hinet.net

☺ 姓名：＿＿＿＿＿＿＿　□男　□女　　□單身　□已婚

☺ 生日：＿＿＿＿＿＿＿　□非會員　　□已是會員

☺ E-Mail：＿＿＿＿＿＿　電話：（　）＿＿＿＿＿

☺ 地址：＿＿＿＿＿＿＿＿＿＿＿＿＿＿＿＿＿＿＿

☺ 學歷：□高中及以下　□專科或大學　□研究所以上　□其他＿＿

☺ 職業：□學生　□資訊　□製造　□行銷　□服務　□金融
　　　　　□傳播　□公教　□軍警　□自由　□家管　□其他＿＿

☺ 您購買此書的原因：□書名　□作者　□內容　□封面　□其他＿＿

☺ 您購買此書地點：＿＿＿＿＿＿＿　　　金額：＿＿＿

☺ 建議改進：□內容　□封面　□版面設計　□其他＿＿＿＿

　　　您的建議：＿＿＿＿＿＿＿＿＿＿＿＿＿＿＿＿＿

＿＿＿＿＿＿＿＿＿＿＿＿＿＿＿＿＿＿＿＿＿＿＿＿

新北市汐止區大同路三段一九四號九樓之一

大拓文化事業有限公司收

請沿此虛線對折免貼郵票，以膠帶黏貼後寄回，謝謝！

想知道大拓文化的文字有何種魔力嗎？

■ 請至鄰近各大書店洽詢選購。

■ 永續圖書網，24小時訂購服務
www.foreverbooks.com.tw
免費加入會員，享有優惠折扣

■ 郵政劃撥訂購：
服務專線：(02)8647-3663
郵政劃撥帳號：18669219